Stardust

Sebastián E. Luna

© 2019 Sebastián E. Luna

Todos los derechos reservados.
Editado por: Sebastián E. Luna
Corrección: Mercedes López
Diseño de portada y contraportada: Bárbara Molins
Ilustradores: Bárbara Molins, Jordi Molins.
Primera edición: julio de 2019
Registrado en Safe creative.

De acuerdo con la legislación vigente en materia de propiedad intelectual,queda prohibida la reproducción (total o parcial), la distribución, la comunicación pública, la puesta a disposición interactiva, la transformación, así como cualquier otra explotación, por cualquier medio, de los contenidos de este libro.

Este libro es una apología a las estrellas, y a su materia.
Y a todo lo que se ha generado a partir de ella.

De la cual todos provenimos, y casi nadie se ha dado cuenta.
A la fuerza esto debería hacernos sentir parecido.

A Bárbara,
mi gemela estelar.

Y a Tao,
nuestra cola de cometa.

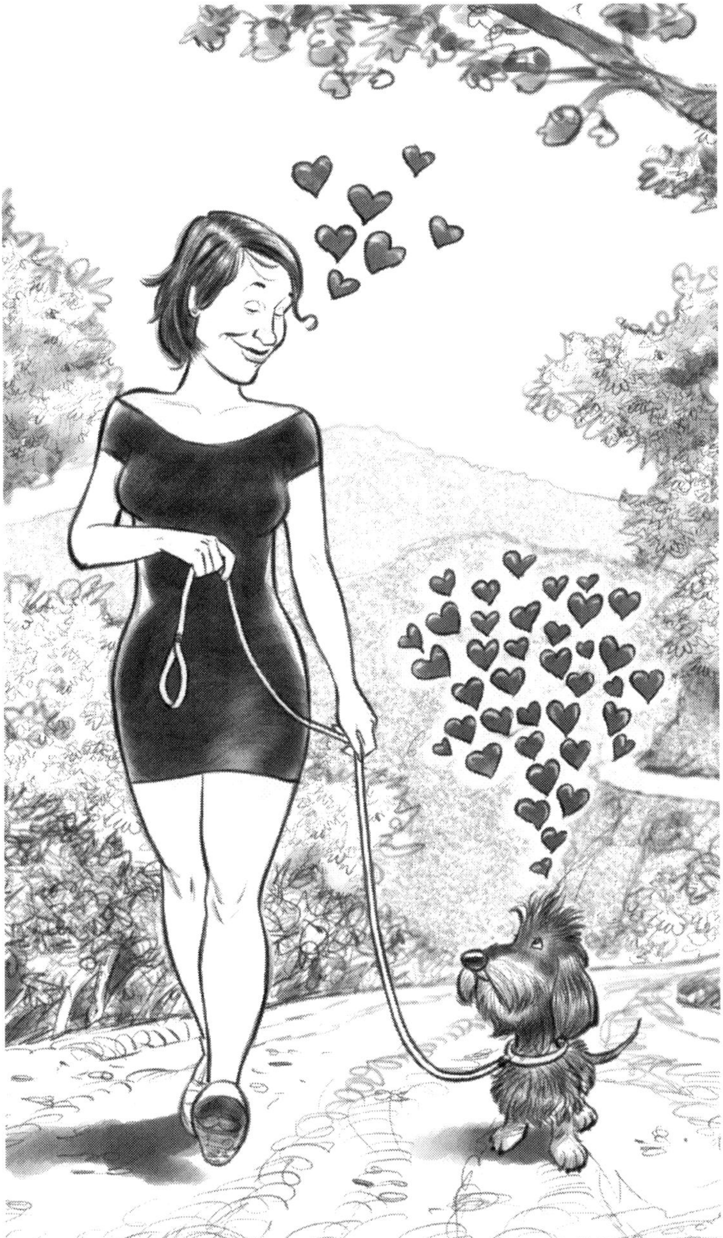

Prólogo

*«Quédate hoy conmigo,
vive conmigo un día y una noche
y te mostraré el origen de todos los poemas.
Tendrás entonces todo cuanto hay de grande
en la Tierra y el Sol
y nada tomarás ya nunca de segunda ni de tercera mano,
ni mirarás por los ojos de los muertos,
ni te nutrirás con el espectro de los libros.
Tampoco contemplarás el mundo con mis ojos.
Ni tomarás las cosas de mis manos.
Aprenderás a escuchar en todas direcciones.
Y dejarás que la esencia del Universo se filtre por tu ser».*

Walt Whitman

Uno puede perderse en grandes espacios, subirse a atalayas desde donde divisar inmensidades y desde allí, abrazar lo infinito. Uno puede, también, asomarse a las brechas de las aceras y descubrir mundos pequeños, íntimos como un beso en el cuello, constelados bajo la ciudad de su alma.

Y es en esos pequeños cosmos de sentimientos de donde brotan libros como este: Stardust, polvo de estrellas. Esencia despojada de artificios. Brillo de azules.

Porque…

Es en el polvo de estrellas donde viven los abriles olvidados;
los estentóreos silencios,
el hado de los que buscan un horizonte.

Es en el polvo de estrellas donde se llora
y se vive y se muere;
donde renace en un poema que late
donde se retorna al origen.

Es en el polvo de estrellas donde
camina un hombre hatillo al hombro
esquivando hormigas
cargado de sueños pequeños y canciones de jazz.

Es en el polvo de estrellas
donde fue el Origen
y un poema.

Así que siéntate junto a un fuego encendido
en una playa eterna
y este libro entre las manos.
Asómate al surco labrado de tu camino
y descubre esas sábanas blancas
que aletean en mundos que brillan escondidos
entre las tinieblas del universo.

Deja que se mezca esa brizna de hierba al sol.
Deja que el sol se funda delante de ti.

Tal vez encuentres tu Ítaca; tal vez no.
Pero una cosa te aseguro:
En Stardust hallarás cometas.

Marta Abelló.

Las estrellas tampoco son para siempre

Déjate morir de cualquier cosa,
menos de rutina,
porque de eso han muerto muchos enamorados
y algún que otro siervo de la religión.

De eso fallecieron los mismos dioses,
y príncipes árabes, y emperadores chinos,
y los eternos faraones egipcios.
Podría decirse que la rutina
fue la principal causa de muerte de la vida;
el cuerpo obligado a cubrir
el haz del foco incandescente,
el telón echado en mitad de la función.

De rutina murieron todos los fuegos fatuos;
los fantasmas de Pittsburgh,
las vidas inocuas,
las profundas pisadas
del bigfoot en la montaña,
y los avistamientos del monstruo del lago Ness.

La rutina lleva a la ruina,
sin necesidad de percatarse
en que solo se diferencian en una «T».

Desatiende el ego,
y escucha las voces que griten
desde el interior de tu cuerpo.
Aquellas que quieran enseñarte
acerca del gran elenco de cosas
por las que dejarse expirar un poco;
como un abrazo que quite el aire
y te acerque a un cuerpo resfriado, contagioso,
que porte la mitad de tus cromosomas,
el noventa y nueve por ciento
de tus anhelos soñados,
y un rizo plegado hacia la superficie de una frente

que no concibe el significado
de la palabra maldad.

Déjate morir junto a un padre moribundo,
en la visión de las manos rudas
que un día te colmaron del alimento
que te llevó a crecer.
Y de cuanta caricia necesitaste
para que tu alma ensanchase hasta cubrir
la superficie del vasto océano.
Remonta el curso del Estigia
cuando sus ojos hayan sido velados.
Cuando la última oración haya cumplido su cometido
y su presencia incorpórea se parezca a la eternidad
que emana del brillo de las inmutables estrellas.
Destruye el remo de Caronte,
y destierra por siempre cuanta mitología
haya inventado el hombre,
en favor del recuerdo de lo que verdaderamente fue.

Muere un poco junto al perro que
durante la última década fue tu mejor compañía.
Y aguanta el porte junto a la mesa camilla
en el momento en que el veterinario
desenfunde el brillo de su última aguja.
Fallece en los senderos por los que te acompañó,
llora al son de los mismos pájaros que os cantaron,
y permite que tu espíritu repose
bajo la copa del árbol
por el que siempre alzaba la vista.
Recuerda que todas las almas
se concibieron iguales;
solo hay cuerpos que, por extraño capricho,
se agruparon en más o menos átomos.

Déjate morir de los recuerdos
que rebosan en el baúl,

de los ácaros de una alfombra hecha lecho de cuerpos,
y de cuanta enfermedad infecciosa contagie un alma
que valore un instante por encima de lo eterno.

Muere de orgasmo, pero fallece por siempre.
Y resucita siendo algo diferente,
como Kepler en el cosmos tras su desambiguación,
o un Saturno sin anillos o una atmósfera despejada
en el ojo de la tormenta
del mayor de los gigantes gaseosos.

Déjate morir de cigarrillos sueltos,
de cervezas frías,
y de adolescencia bajo la copa de un árbol
que haya vivido incontables historias de amor.
De corazones pintados en un banco,
trastadas y carreras al huir de un cuerpo de policía
hace tiempo muerto en vida.

Déjate morir de cine en blanco y negro,
de sonrisas mudas, canciones tristes,
bombines de Chaplin
y del incombustible puro de Groucho Marx.
Consume tu vida frente a miradas
en las que verse reflejado.
Bajo ojos que brillan como estrellas
y bocas que en cada beso
reparten un pedazo de alma
y te adornan el día
con fragmentos de furtivo marfil.

Incomódate de tortícolis al contemplar el cielo.
Piensa en la noche estrellada de Neruda,
en el río Ródano de Van Gogh
en los secretos que en las constelaciones aguardan
y en las ridículas lecturas
que queremos hacer de ellas.

Medita en dónde estaba tu cuerpo
cuando el poeta escribió el primer verso
o el pintor mezcló el primer color.
Cuando del glaciar se derramó la primera gota
y el árbol nació para morir lienzo.
Piensa en los ancianos que quedaron perpetuos
bajo la noche perpetua colmada de color.
En el pincel que una vez fue ardilla
o marta en la Siberia fría.

Déjate morir de aquello que te mata,
si en algo puede darte la vida.
Déjame morir por ti,
si en algo puede hacerte feliz.

Tiempos de un Buda

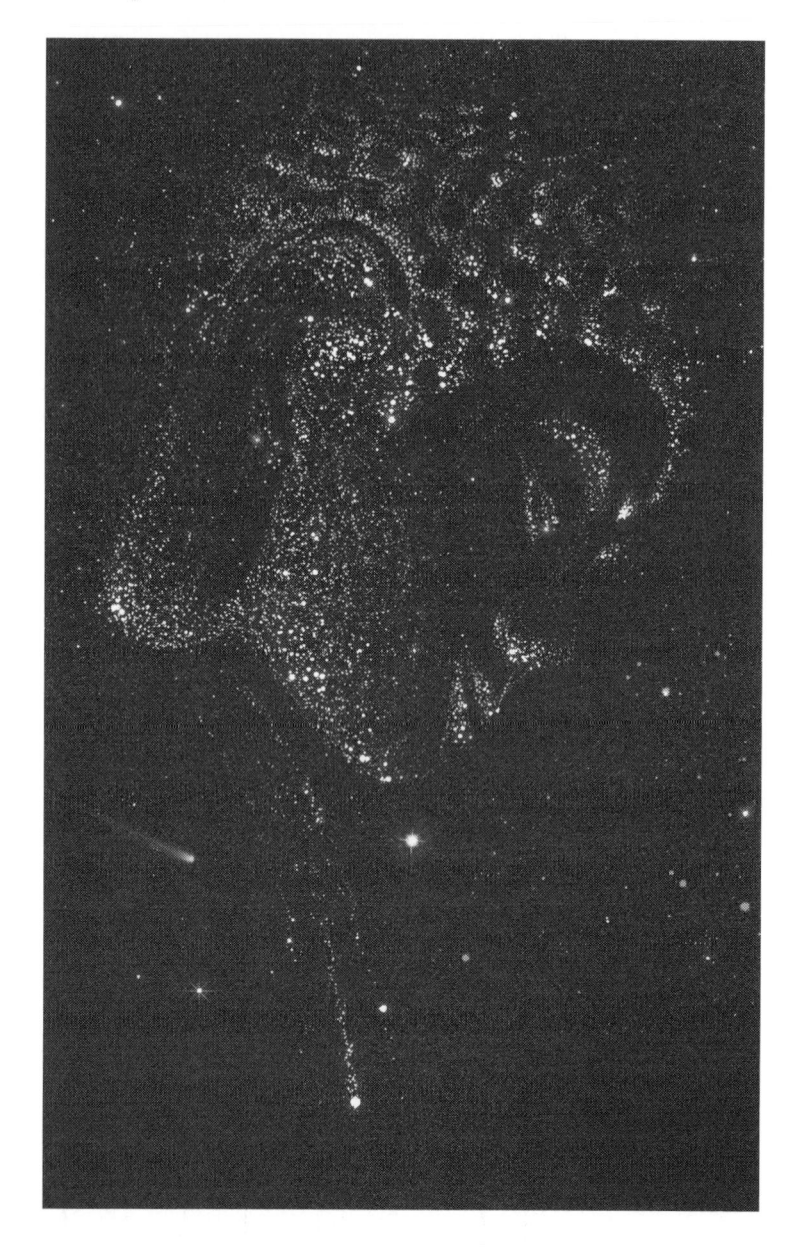

Recuerdo la primera vez
que entramos a nuestra futura casa.
El frío, los espejos rotos,
las paredes agujereadas por el paso
de un río de inquilinos que enclavaron allí instantes,
anhelos y desmembradas partes de sus vidas.
La escalinata que anunciaba el lugar
en el que reposaría
de cada una de mis caídas,
y en la que me alzaría
tras el momento innato a mi resurrección.
El suelo lleno de una hojarasca
hace tiempo muerta,
sosteniendo granillos de arena
insuficientes para germinar vida.
Y la falta de ese hálito cotidiano que convierte
doscientos treinta metros cuadrados de tosco material,
en un lugar al que poder llamar hogar.

Recuerdo mi caminar
entre las diferentes estancias;
atento a los amenazantes cables pelados
sobresaliendo del techo
como lianas de una jungla antigua e inexplorada.
A las décadas durante las que las bombillas
de alto consumo habrían alumbrado vidas
para mí y ellas sin importancia.
A la insuficiente altura del frigorífico para abastecer
de víveres el mundo que íbamos a formar.
Atento a los vestigios y huellas que,
los anteriores inquilinos,
abandonaron allí a su suerte;
como si ya no quisieran
saber nada más de ellas,
como si ya no quisieran
seguir más.

Atento a toda aquella cantidad de espacio
que tendríamos que sostener
con el doble fondo
de nuestros bolsillos,
en un horario laboral cuyo reloj
hace tiempo que agotó
cada una de las pilas
con las que quise hacerle marchar.

Recuerdo la similitud
en las opiniones de la gente:
empeñados en que deberíamos encontrar
una opción más viable que,
en contra de la demanda de nuestros cuerpos,
siguiera dilatando el tiempo
que pasábamos sin vernos;
elongando un sufrimiento que implosionaba
en cuanto mi nariz respiraba el aire
de la estación de tren
que te devolvía cada día a mis brazos.

Y es que donde todos veían
desconchones y grietas,
yo veía colgado el cuadro
que comenzamos a pintar juntos;
con colores que nadie ha descubierto,
y brillos y sombras que solo se pueden conjugar
en profundidades inexploradas del universo.
Y donde los demás señalaban
hacia una posible mancha de humedad,
yo veía la sonrisa
que cada día me regalarías al salir de la ducha.
Veía tu piel húmeda
por unas gotas templadas de agua que,
como yo,
querían perderse en la verticalidad de tu cuerpo
y aterrizar en un suelo

por el que un día caminaría
nuestra desgastada envoltura
portando un alma incandescente,
amada,
cada vez más cerca de la verdadera inmortalidad.

Y donde los demás apuntaban hacia posibles deudas,
yo veía una riqueza
que no ha conocido el hombre de nuestro tiempo;
enfrascado en problemas que crea en la mañana
y ceba en horas indecorosas
cuando su cuerpo entero
le acusa de su falta de sueño.

Y veía el rincón para aquella caja de juguetes
que aún no nos atrevíamos a comprar
porque de felicidad también dejó de latir
el corazón del hombre.
Y escuchaba risas y llantos de verdadera alegría,
en el preludio, el durante y el después,
de lo que aún estaba por llegar.

Escuchaba la melodía de tu voz
canturreando estrofas infantiles que
solo tú sabías hacer deliciosas,
y disfrazarlas de un ritmo
digno de la primera fila de butacas del Palacio Real.
Y te escuchaba embellecer piezas
que quedan al alcance de muy pocas gargantas,
y sonidos de jazz que emergían sin la necesidad de
instrumentos.
Y una guitarra que aprendería a tocar de nuevo.
Y mis dedos volando sobre el teclado
de un piano que no llegué a vender;
esquivando notas perdidas
como una nave espacial entre ochenta y ocho asteroides
blancos y negros.

Y te veía bailar por unos pasillos
que no habían tenido la suerte
de conocer caderas como las tuyas.
Y zarandear con ellas un aire
que llegaba a mí cargado de una alarmante electricidad.
Y olía el aroma de tu comida en una cocina vacía,
en la que faltaban alimentos
pero bullían ideas a cualquier temperatura.
Y veía el sofá en donde disfrutaríamos
del millón de películas que acumulábamos
en nuestra lista,
sobre la capa de hojarasca otoñal,
que el pasado verano no se quiso llevar.

Veía el hueco vacío para nuestra cama,
y sentía cada uno de los abrazos
y orgasmos que aún estaban por llegar.
Sentía el lío de nuestras piernas,
y olía el olor de tu piel cuando,
cada mañana, se deja envenenar por la mía.

Te veía a ti en el patio,
acariciando a un perro
que tuvo algo más que un golpe de suerte en la vida,
y veía a otro que aún no tenía nombre,
y a una niña que no conozco
pero que me haría cruzar con valor el infierno
para comprobar cómo se parece a su mamá.

Y me veía a mí,
sonriendo como solo es capaz de sonreír el Buda,
bajo la copa del árbol Bodhi,
imperturbable en su pose de meditación,
venciendo al millar de raíces malignas
que atraparon al millar de rostros pétreos

de aquellos que no lucharon
contra la sequía de su sensibilidad;
ajeno a todo cuanto no tiene que ver
con nuestro presente.

Atento a ti, a mí, al presente de nuestra vida.

¿Qué es la belleza?

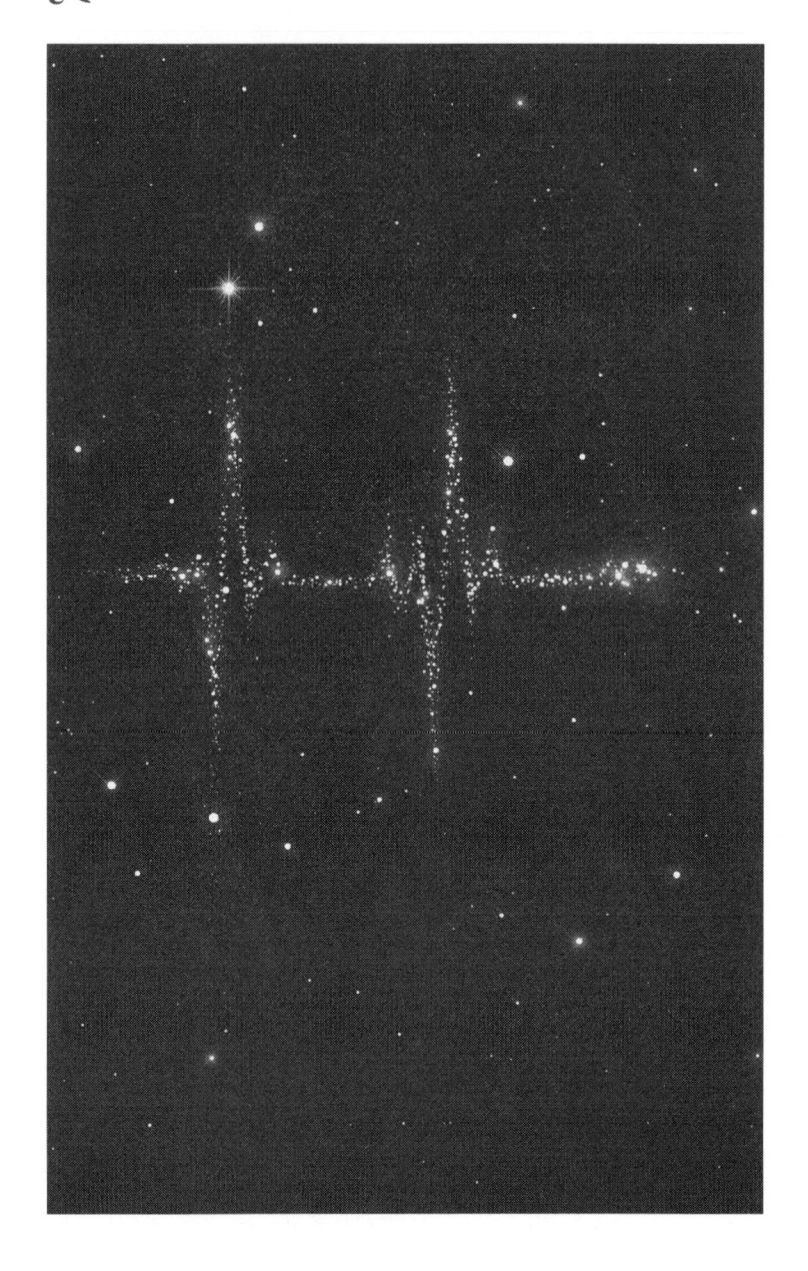

Belleza es aquello capaz de hacer
despuntar el cardiograma de las emociones.

Aquello que levanta un pico inesperado
sobre la línea impertérrita del día a día.

Aquello que muchos ven, pero no todos llegan a percibir.

Aquello en lo que sin proponértelo participas.

Belleza eres tú.
Soy yo.

Belleza es nuestra vida.

En universos de tinta me pierdo

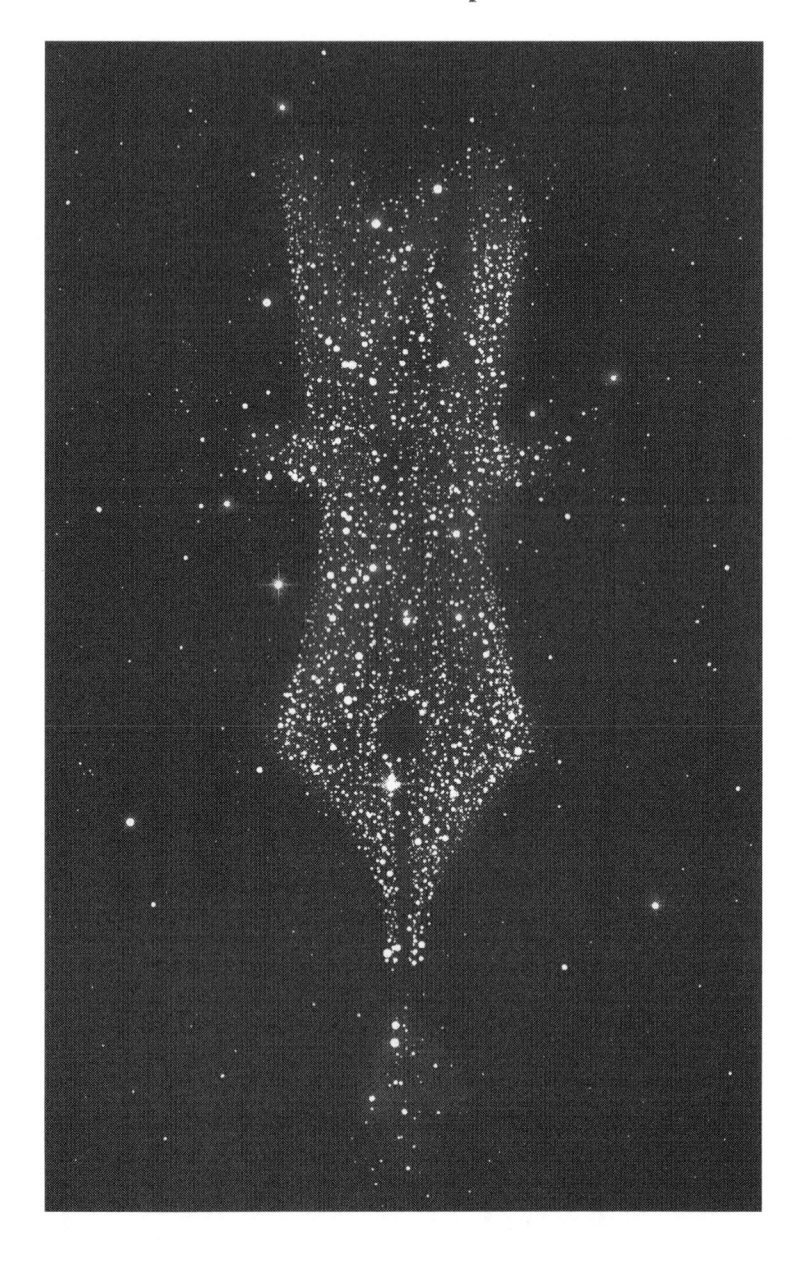

Nubes nacen por el este de mi ventana,
y las extingue un viento voraz
por el marco oeste de la misma.

A veces me queman los dedos.
Y me siento como un chiquillo
incapaz de controlar su micción;
un querubín acunado en virginales brazos
la noche antes de llegar al mundo.

En días con suerte me siento a una mesa
que ideé para escribir más horas
de las que llegará a latir mi corazón;
sea en este cuerpo u alojado en otro
tras surcar un mar de papeles
y disfrutar de un último vuelo
en el helicóptero del Centro Nacional de trasplantes.

Las chimeneas ahúman un aire que no respiro,
y en mi casa hace frío porque,
otra vez, olvidé dar la calefacción.

Y eso es porque cuando escribo
desaparece el resto.
Desconozco si el mundo deja de existir.
Si hay latido en mi pecho
o corazón vivo en el ajeno.
Si el aire fluctúa en otras calles
que no sean las que nacen
al abrazo de mis neuronas.

Si estos mundos nacen ahí,
en kilo y cuarto de biología gris,
fluctuante como un diminuto Zeus eléctrico,
o si existen desde mucho antes de que naciera
o me sobrevivirán cuando en mis ojos se extinga
el brillo de mi última estrella.

Si percibiré algún cambio
cuando el karma me traiga de vuelta,
o, si ellos, vivos hoy a través de mí,
junto a mi alma conformarán un todo de nuevo
en el que yo expiaré los errores del pasado,
y ellos me brindarán la posibilidad
de tocar el cielo que no he alcanzado.

O si alguien me entregó una llave
para poder acceder a ellos,
o si la llave no existe,
y tan solo los contemplo por un agujero;
ajenos a mí y a mis deseos.

Y cuando siento que desfallezco,
los textos del pasado
vienen a echarme una mano para que,
junto a ellos, nazcan de mí otros nuevos.

Con el tiempo conseguí hacer un pacto
con el más inteligente de mis diablos;
y me pasa un poco como a la buena literatura,
que en los libros gano,
y en persona vengo perdiendo con los años.

Cuando escribo el mundo es menos.
Yo soy más,
y al mismo tiempo desaparezco.

Cuando escribo nada duele.
Ni siquiera lo que nunca deja de doler.

La muerte huye.

Nace un vivo silencio;
en universos de tinta me pierdo.

Un universo un poco menos infinito

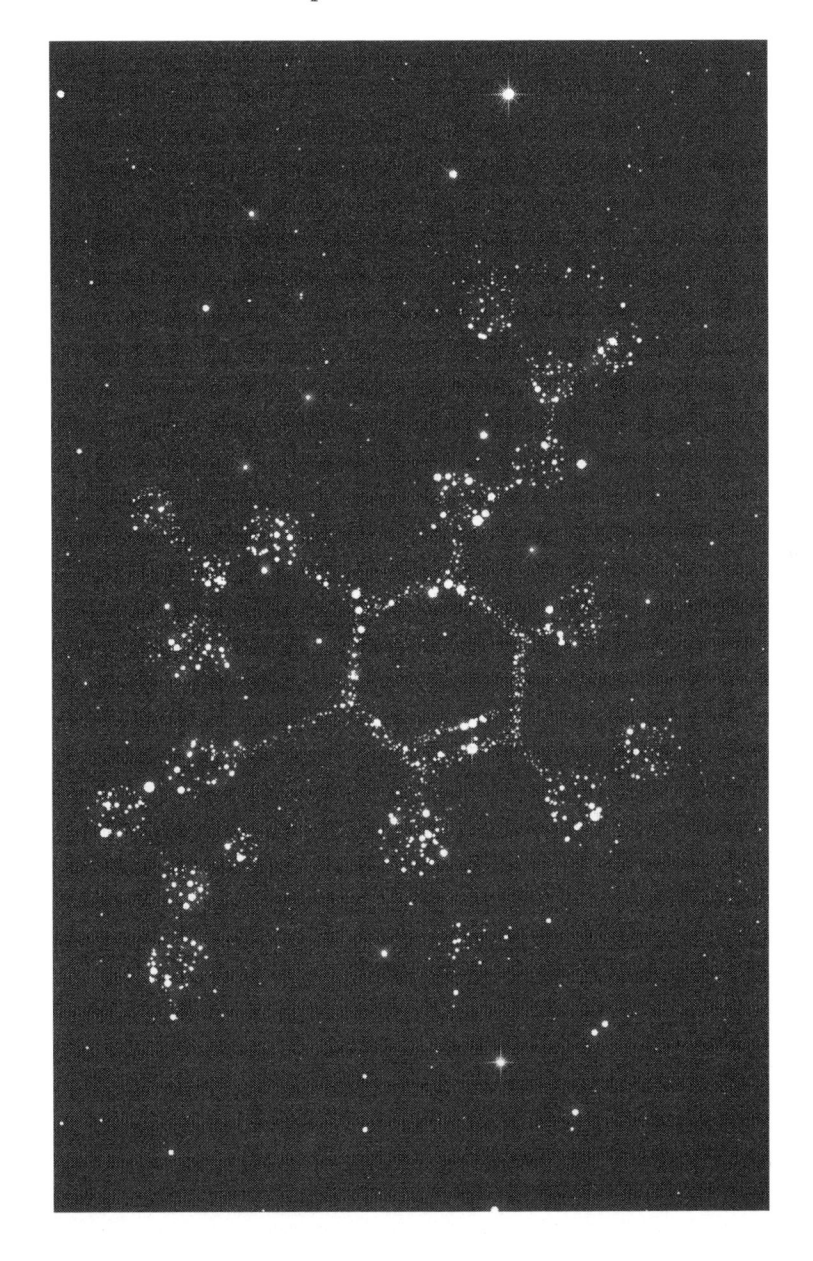

Tenía una sonrisa
capaz de poner fin a una especie;
única como un sol de mediodía
en mitad de una noche sin luna.

Cuando reía,
enmudecía cuanta campana
hubiera forjado el hombre
con independencia de la profundidad
de la entraña
donde se hubiera extraído el metal.

No existió marfil más blanco
que el que dejaba ver
a través del cielo de su boca entreabierta.

Ni risa más fresca que
la corriente entre dos puertas opuestas
que disten entre sí
incontables kilómetros de duro invierno.

Desde que la conozco se borró de aquella lápida
el epitafio de «Soy Providencia»,
al oeste de un cementerio florido
del lejano estado de Rhode Island.
Y ni todas las llamadas a los mitos de su creador,
ni los nombres impronunciables,
ni los templos sumergidos,
ni sus aberraciones cósmicas,
han conseguido hacer caer mi mundo en tinieblas.

La primera vez que me sonrió,
se me pararon todas las galaxias
y el universo se volvió un poco menos infinito;
algo más pequeño que
aquella primera vez en la que se dice
que todo estaba tan junto

que tuvo que reventar para que aprendiéramos
por siempre el significado de la palabra lejos.

Y es que así me siento yo
cuando en noches como esta
se cuela en mis sueños,
pensamientos y realidades.
Cuando toda la fuerza de la poesía de Garcilaso y Neruda
queda acorralada en el cuadrilátero,
contra las cuerdas de un ring
que no se rige por el nombre de su propia teoría,
ante la potencia incontenible de lo que me hizo sentir
desde el primer instante en el primer día.

Y es que poca realidad veo ya
en todo aquello que no está sostenido
por su presencia,
adornado de su compañía,
y maquillado por la proximidad
de unos átomos que,
cuántica a parte,
estoy seguro de conocer desde siempre.

Y es que si hago memoria,
quizá recuerde que
en la esquina superior derecha
de la materia que precedió al Big Ban,
cuatro hidrógenos míos soñaron
con casarse con dos oxígenos suyos.
y formar un río,
gota o lago de cuyas aguas,
profundas,
echara a andar un ente
que nos precediera en todo,
menos en lo de amar de verdad.

Porque en eso, pequeña,
haces que me sienta un poco menos torpe cada día.
Y eso, es solo el comienzo de la eternidad.

Hijos del último octubre

Me encantan los días nublados en los que el cielo
amenaza con precipitaciones.
El ventanal de un salón
por el que escurren las hijas huérfanas
de un día que brinde un cielo
anormalmente encapotado.
Los copos de nieve que creen
haber nacido para nunca tocar el suelo,
y que, fluctuantes en la atmósfera inquieta,
se abandonan a la calma
sobre ramas escondidas en un rincón.

De vez en cuando enciendo una catalítica en el salón
y sobre la falsedad de la llama azulada,
a menos de un palmo de distancia,
reposo las manos que minutos
después pondré a describir
todo cuanto han visto mis ojos, sentido mi cuerpo
y cruzado por las aguas bravas de mi cerebro.
Como el frío adherido a mi piel
tras el último paseo en bicicleta,
la gota en el bosque rompiendo el charco en silencio
o la dulce esencia de tus muslos bajo las mantas,
que, sin necesidad de recurrir a justicias divinas,
quedó por siempre atrapada en mi memoria.

Me gusta rendir mis ojos
al curso del vapor de una taza humeante
y que junto a esta minúscula chimenea,
mis pensamientos se eleven
hasta la altura de mi cercana montaña.
Detener mi vida junto a un libro,
mientras en el firmamento trona el grito de los dioses
y que el autor me hable
desde la distancia del devenir transcurrido.
Creo que todo se debe a que
soy hijo de octubre y de la lluvia;

hermano del viento y de las tardes frías,
amigo de rebecas y pantuflas forradas con borrego;
amante de ramas desnudas
y del caer de hojas sobre pavimento muerto;
prisionero del verano,
excarcelado en el duro invierno;
degustador de hongos;
acariciador de perros
frente a las últimas brasas de un leño.

Ya se huele la época más bonita para mí,
ya se abrió la veda para ser feliz.

Me gustaría tener un coche automático
para nunca tener que
quitar la mano de su rodilla.

Vivir y hacer el amor, son una misma cosa

Llega un momento en el que
a todos nos alcanza la eternidad.
A nosotros nos cogió en una playa de Cádiz,
bajo un sol de mediodía, en plan nudista,
sin más vestimenta que una fina capa de crema
y algunos granos de arena adheridos a nuestra piel.

Bebíamos cervezas heladas que,
metódicamente, extraíamos de una vieja nevera de plástico,
y, de cuando en cuando,
matábamos el hambre con mejillones en conserva
que comprábamos por la sencilla razón
de que disponían de abrefácil.

Lo eterno, lo etéreo, nos cogió sin más.
Como supongo que siempre suceden estas cosas.
Al igual que si te atropella un camión
o descubres que ese décimo de lotería
que guardas en el bolsillo
ha sido premiado con nueve millones de euros.

Llegó reptando desde todas partes;
en jirones de nubes de arena
de medio metro de alto que,
después de acariciarnos con sus invisibles manos,
se deslizaron hasta disolverse en el verde esmeralda
de unas aguas cuyo oleaje
sonaba más a futuro y esperanza
que muchas sonrisas de África
con las que cada día nos bombardean los telediarios.

Igual que vino se fue,
y otro nudista cercano,

nos dijo que aquello no había sido más que
un inusual golpe de Levante.

Pero a nosotros nos quitó algo y,
al mismo tiempo,
nos dejó otra cosa a cambio.

Quizá nos desplazó a otro plano,
arrancándonos de las garras de ese reloj de arena
con el que nos hemos empeñado
en parcelar nuestras vidas;
dejándonos sumidos
en un inusual poso de entendimiento.

Cuando desprotegí mis ojos de las manos que,
inútilmente, intentaban salvaguardar mi vista,
ya no volví a ver el mundo de la misma forma.

Recuerdo girar mi cabeza hacia ella
y sentir la plenitud que se adquiere
al tener la certeza sobre una persona.
Vivir tan firme y seguro como si Dios hubiera bajado
a decirme que a mí, solo por esta vida, no me va a tocar morir;
que ya veríamos en otras.
Desde aquel día vivir y hacer el amor,
han sido una misma cosa.
Al hombre triste

Sí, es a ti.

Al que creas
con la arcilla de tus venas
un nuevo monstruo cada día.

Le vistes con tu mejor traje,
le asignas un rostro y

le alimentas con lo mejor
de los estantes de tu nevera.

Te acompaña al trabajo,
te acompaña al baño,
disfruta junto a ti de un orgasmo
que brindarías sin dudarlo a tu pareja,
pero que negarías a tu propio duplicado.

Le presentas a tu familia y amigos,
orgulloso de su aspecto,
y dejas que escuche
de tu boca tu propia historia.

Le bendices como al hijo deseado
y le guardas un rincón en tu corazón.

Sí, es a ti.

Al hacedor de monstruos;
portavoz de viejas maldiciones
que la educación no te enseñó a resolver.

Al que al caer la noche velada,
el clic de la lámpara
aviva pensamientos fatuos;
dando voz propia a un monstruo que
ahora no sabes reconocer.

Y dejas que sobre ti arroje tu alimento.
Y dejas que sobre ti arroje tus ropas,
y permites que sobre otros arroje tu historia
y permites que sobre ti cause miedo.

Es a ti.

Que ahora sueñas con deshacerte de lo creado
sin saber que,
ahora tú,
eres su propia creación.

Yo era un texto sin revisar;
ella una mancha de acuarela fortuita.
Juntos fuimos lo único que pudimos ser:
una pequeña obra proscrita.

¿Por qué lloran los hombres?

Una despedida.
El final de un libro;
el de una película.

Una banda sonora
de las que primero erizan el vello
y después arrastran tus lágrimas.

Enterarse de que Darth Vader
es el padre de Luke Skywalker.

¡Picar una cebolla!
¡Rehogar una cebolla!

El galeón de los Playmobil.
¡Encontrar el tesoro hundido
del galeón de los Playmobil
en el fondo de la piscina!

Una canción de U2.
Un personaje Disney.

Cuando salvan a la chica.
Tocar un sueño;
ver cómo se aleja.

Conseguirlo,
lo que sea.

Enfermar.
Sanar.

Encontrar aquel vinilo
que perseguiste durante años
en una tienda de segunda mano.

El olor de su cabello
en una almohada.

Llorar tras ese instante
en el que,
por segundos desaparece la vida,
al eyacular dentro de ti, mujer.

Reencontrarse con un ser querido;
ver en Facebook
cómo le han ido las cosas
a un viejo amigo.

Las finas lonchas de Campofrío.

Que te toque la lotería,
o el carro de la compra
del Carrefour,
o los mil euros
del cumpleaños de Cadena 100,
o la de Induráin en la tómbola del pueblo.

Recibir un WhatsApp,
ojo,
no cualquier WhatsApp.

Una estación de tren
sin más pasajeros que
una chica sentada
en el otro andén.

Ver a tu mascota menear el rabo
cuando entras en casa,
o a tu gato restregándose
contra tus espinillas.

Que una niña de cinco años
te diga que eres un hombre guapo.

Entender el motivo

por el que el zorro del Principito
ama a su rosa.

Una comida,
sobre todo si la hace mi madre;
aún más si es la de Navidad.

Leer a Murakami y saber que,
aun después de cien vidas,
jamás podré escribir como él.

Comprender,
al fin,
lo que quiso decir Bécquer en:
«quema invisible atmósfera abrasada»
(Ojo que esta lágrima, aún no la he soltado)

Una página en blanco.
No ser capaz de salir de esa página en blanco.
Escribir la palabra FIN,
en el momento en que toca hacerlo.

Un amor perdido;
uno no encontrado,
otro no conseguido;
uno,
al fin,
consolidado.

Conocer a Ana Frank,
y al Guardián entre el centeno.
Ponerse el pijama
del Niño del pijama de rayas.

Ver correr a un corzo en libertad.
Ver correr a un galgo detrás
de ese corzo en libertad.

Volver del campo
con un cesto lleno de boletus.

Pescar un pez.
Comerse ese pez.

Un concierto de AC/DC.
Pasarse un videojuego.

Un cuadro.

Una obra teatral de mis sobrinos.

Las grandes cosas;
las pequeñas.

Salir a correr
después de una lesión.

Ver llorar a mis hijos.
Ver reír a mis hijos.

Un amanecer.
Un atardecer.

Comprender lo que es la vida;
el valor de un instante,
y lo inservible que resulta querer repetirlo.

Seamos verso

He sangrado cada palabra
que compusieron mis textos
y llorado cada uno de los
verbos malditos que
de acción llenaron mi vida.

He sopesado cada adverbio
y temido a la hora
de escoger mis adjetivos.

Cojeé sobre mil preposiciones manuscritas
y esquivé las campanadas muertas
de aquello que no conseguí hacer rima,
sabiendo que hay palabras que caen
en fosas de las que no escapa ningún eco.

Conocí bien a unos pocos sujetos
y odié a demasiados de sus verbos.

He amado las incongruencias que,
al alba en mi pose vertical,
dejaba sobre una almohada
empapada de sueños incumplidos,
de cabellos canos y virutas de un tiempo perdido.

Aprendí a adorar los maleficios
que sobre mi nombre vertía la gente.

Y a creer en los que no creen en sí mismos,
y a amar a aquellos que
sobre mí no depositaron esperanza,
porque a ellos les debo un mundo más liviano,
y calma y descanso
para mi alma perpetua.

Y agradezco a aquellos que
sobre mi cadáver vertieron sus miedos,
porque fueron espectadores de mi teatro.

Y amo a aquellos que
como actores se presentaron,
valerosos de un papel protagonista.

Y te amo a ti,
humano,
esencia imberbe de mundos proscritos;
que cada día luchas por doblegar,
aun con huesos desgastados
y herramientas melladas,
hartas de repiquetear.

No concibo un mundo sin sufrimiento,
ni días en los que en la alegría
no me haya zambullido.
Ni noches en las que al girarme en la cama
el otro lado no albergue mi mejor sueño cumplido.

Porque desde que te conozco
sé que cada hombre es un verso inacabado, y
la mujer unas manos que nunca dejan de escribir.

Que los números no están tan lejos de las rimas
y que hay ecuaciones en mi pecho
a las que solo tus palabras saben dar solución.

Que el corazón tiene cuatro cavidades porque,
necesariamente,
ha de ser múltiplo de dos.

Que una mirada tuya
puede decirme más
que el libro más complejo que se ha escrito.

Que no hay tanta diferencia entre ser y estar,
cuando de lo que se habla
es del tiempo que hemos pasado juntos.

Que hay baúles bajo costillas
que esconden más que muchos corazones,
y vísceras malignas que,
finalmente,
han albergado una dosis de benigno amor.

Al menos sálvame de mí,
porque de ti ya estoy perdido.

Bárbara

Una vez conocí un verso de tres sílabas
cuya poesía era su forma de entender la vida.
Bárbara se llamaba el verso,
y, curiosamente, quiso ser mi amiga.

No tenía contador de tristezas,
y de sus ojos las lágrimas
caían siempre de alegría.

Bárbara no sabía transitar
por las calles con normalidad;
sin pedir permiso para acariciar a un perro
o inmortalizar en su smartphone
la tapa mojada de una alcantarilla;
la lluvia cayendo como meteoros sobre un capó,
o el hielo de la mañana vencido
por los primeros rayos que brinda el sol.

Veía formas y colores en las nubes
que no han sabido concebir los demás hombres,
y señalaba perfumes en corrientes de aire
que no quedaban al alcance de cualquier nariz.

Eran tres sílabas de indomable mujer,
de esas que sin quererlo
trucan el latido del más desahuciado de los corazones.
Y no me extrañaría que,
al igual que hizo conmigo,
fuera responsable de otras resurrecciones.

El verso tenía voz,
y de la púa de un canoso guitarrista
traspasaba notas imposibles para gargantas de su
especie.

Con su pelo corto,
sus lentejuelas
y una falda de tubo,
cantaba en sótanos y bares
rodeada de miradas que la hacían sentir pequeña,
sin querer saber que,
solo su sonrisa,
atiborraría de público el estadio de los Yankees de
Nueva York.

Bárbara pintaba sus versos
en lienzos que me dejaba tapizar con alkil,
al ritmo de músicas que
en ninguna parte sonaban como en su hogar,
salvo al abrigo de su espalda
o al refugio de mi nariz,
queriendo siempre ganarle milímetros
a la anatomía de su perfecto cuello.

Me brindaba caricias suaves,
como el pelo de sus pinceles,
y me pincelaba con caricias
allá donde la religión no deja pronunciar.

Me enseñó a dormir desnudo,
y a desvestirme tanto
y tantas veces
que ya nada pudiera esconder el caprichoso ego.

Y a arropar mi espíritu
con palabras que no puede traspasar la enfermedad.

Bárbara es avena, limón templado, miel y semillas;
Vitamina C en el frío invierno y
salmorejo del sur cuando el sol se empeña
en reposar durante tranquilas horas sobre mi desnuda
espalda.

Su piel contiene todas las especias
por las que los antiguos hombres del mar
se lanzaban al agua sin importar
si en ella se dejaban o no la vida.

Sabe a cilantro y a jengibre,
y a vinos pálidos y tartar.
Y a todas las cosas intensas
difíciles de cultivar en nuestros días.

Me enseñó que en la cocina
no solo cuenta el material,
y que con cuatro ingredientes y una jarra de cerveza
se pueden obrar milagros
sin necesidad de adentrarse en una iglesia.
Que hay templos solemnes
en los que nunca ha retumbado una oración,
y las cuerdas de una misma lira,
y las teclas de un mismo piano,
pueden habitar cuerpos separados por distancia,
tiempo y otra rara dimensión.

Me gusta el sabor de su té,
porque sabe a mañanas de fin de semana
y a días libres aunque a las seis tenga que marcharme a trabajar.

Jamás fui capaz de irme sin mirar hacia su ventana
ni de marcharme del todo de su casa
aunque estuviera a centenares de kilómetros de distancia.

Con ella viví mi mejor baile horizontal,
y cuando se nos escapaba el tiempo
vaciando una caja de condones
y caía la noche,
todo se veía a través del manto mágico

de una multitud de velas.
Y la casa entera titilaba
como antaño lo hicieron las estrellas,
cuando ningún ser se preguntaba
qué estaban haciendo allá arriba.

Con ella caminé sobre playas infinitas,
y permití que, junto con sus arenas,
ambas escribieran en mi alma un poema.
Y que el oleaje
me manejase como a una pequeña embarcación.
Y me dejé ser náufrago
a la sombra del faro de Cap de Barbaria,
al que llegamos sobre dos ruedas
tras cruzar la distancia entera de una isla paradisiaca.

Bárbara son tres sílabas de muslos de fantasía,
de los que a veces no sé volver sin su ayuda.
Y un escote al que el sol le fascina
acariciar con sus rayos,
y una nuca única como una gema escondida,
y un cerebro con el que infinitamente conversar.

Ella es un verso que en sí mismo es poesía.

Ella es con quien deseo concluir mi vida.

No hay nada, salvo tú mismo

No hay ocaso
en el que muera lentamente
ni tierra estéril
en la que no germinen
mis semillas.

No hay noches
que me rodeen de oscuridad
ni estrella tan lejana
junto a la que el corazón humano
no pueda titilar.

No hay jardín
en el que no sitúe mi casa,
si un árbol en él
arroja su sombra cada día.

No hay cueva tan angosta
por la que no quepa un río
ni cuerpo tan estrecho
que no acoja ningún amor.

No hay hogar sin un perro
que ladre al verme llegar
ni sin que le llore
cuando toque verle marchar.

No hay sed que no pueda aplacarse,
salvo la de aquel
que no sabe beber de las fuentes.

No hay amanecer más bello
que el inesperado
ni árbol tan grande
del que no se pueda
contabilizar sus hojas.

No hay brisa sin perfume
ni vientos que,
alguna vez,
no peguen de costado.

No hay planeta que no pueda habitar,
si en mi cabeza bulle tu cercanía.

No hay fauces que puedan retenerme
ni garras que hayan podido darme caza.

No hay muerte
para el que sabe que está vivo
ni herida para el que aprendió a cicatrizar.

No hay sueño que no puedas conseguir,
si en tu sueño así lo has conseguido.

No hay frutas dulces
ni hojas amargas,
sino simples papilas gustativas.

No hay ojos que ven,
sino incontables cosas que ser vistas.

No hay banquetes
para el que jamás pasó hambre
ni verticalidad
para el que nunca se dejó caer.

No hay pájaro que de mí pueda escaparse
ni bestia a la que no pueda dar caza,
a pesar de que nunca construiré una jaula
ni empuñaré un arma.

Hay vida en las profundidades,
y muerte en las alturas.

Hay un vacío inmenso
en el cosmos desconocido,
que no es más que vago resquicio
para el que se explora a sí mismo.

Hay un sueño que nadie ha de dormir,
y al que todo párpado termina por rendirse.

Hay un animal
en el corazón de todo hombre,
y otro muy distinto en el de un niño.

Hay poesía
incluso para el que no sabe leer,
y vida para quien sabe que algún día ha de morir,
porque que la muerte llega,
solo lo sabe quien la espera.

Que la vida aguarda,
no solo lo dicen mis palabras.

Del poema de mi vida,
solo a ella permití escribir un verso.

Que nunca acaben los Once minutos de Coelho

Solo ella compuso el exclusivo grupo de chicas
por el que siempre me quitaba las gafas.

Y aun a pesar de mi falta de agudeza,
no recuerdo haberla visto nunca
sin ese halo de nitidez
que en mi corazón la precedía
desde diez mil kilómetros de distancia.

Supongo que de todas las personas
que se cruzaron en mi camino
ella es la que mejor aprendió
a llevarse con mis dioptrías.

Con ella aprendí a hacer el amor sin decorado,
con gemidos y lamentos del cuerpo
que no salen de otro lugar
que de las entrañas de la biología.
Y es que nunca se firmó un documento de paz
entre nuestras sábanas.

Si los colchones hubieran podido gritar
el nuestro habría muerto pidiendo clemencia;
torturado por dos cuerpos que
decidieron profundizar juntos
hasta el último de los abismos.

Si sus bragas hubieran podido gritar,
yo habría tapado su boca con la mía.

Los vecinos gritaron en algún momento,
y ahí fue cuando tuvimos que aprender

a bebernos en un indecoroso silencio.

Con ella aprendí que no hay nada malo
en dejarse morir poco a poco,
que el instinto de supervivencia
está hecho para que sobreviva él solo
y que es mejor compartir un cigarro
que sobrevuele la distancia de nuestros labios,
que no haber visto jamás
el giro de su tobillo al aplastar una colilla.

Una botella de whisky
puede quitarte un año,
pero más de una vez
se me ha abierto el cielo
cuando de su boca
ha dejado caer un hielo hasta mi vaso.

El reproductor de música avisaba
de que podíamos quedarnos sordos,
pero esto da igual cuando dos personas
se comunican de tantas formas
que no hay erudito en la red
capaz de aprender nuestro idioma en siete días.

A ella no le gustaba leer,
pero en mí leyó hasta la última de las grafías
que formaba el vello de mi cuerpo.
A veces me dejaba que la recitara
un par de pequeños versos endecasílabos
que siempre acababan por llevarnos a los escenarios
de los Once minutos de Coelho.

Y así me voy dejando morir poco a poco.
Entre brumas de sexo, alcohol y tiempo
con el que algún día tendré que volver
a ajustar el reloj.

Y firmar una paz
que intentaré colar entre esas manecillas
tan desgastadas de las que me sorprende
que alguien siga creyendo.

Quizá ella y yo seamos las primeras personas
que dejemos de creer en el tiempo.
Casi todos los dioses han muerto
en el último siglo
y templos más grandes
han caído sin la ayuda de una nueva Inquisición.
Si alguien se para a observarnos por la calle,
que no nos avisen de que el mundo
sigue girando a nuestro alrededor.

Muchas cosas se perdieron en redes sociales

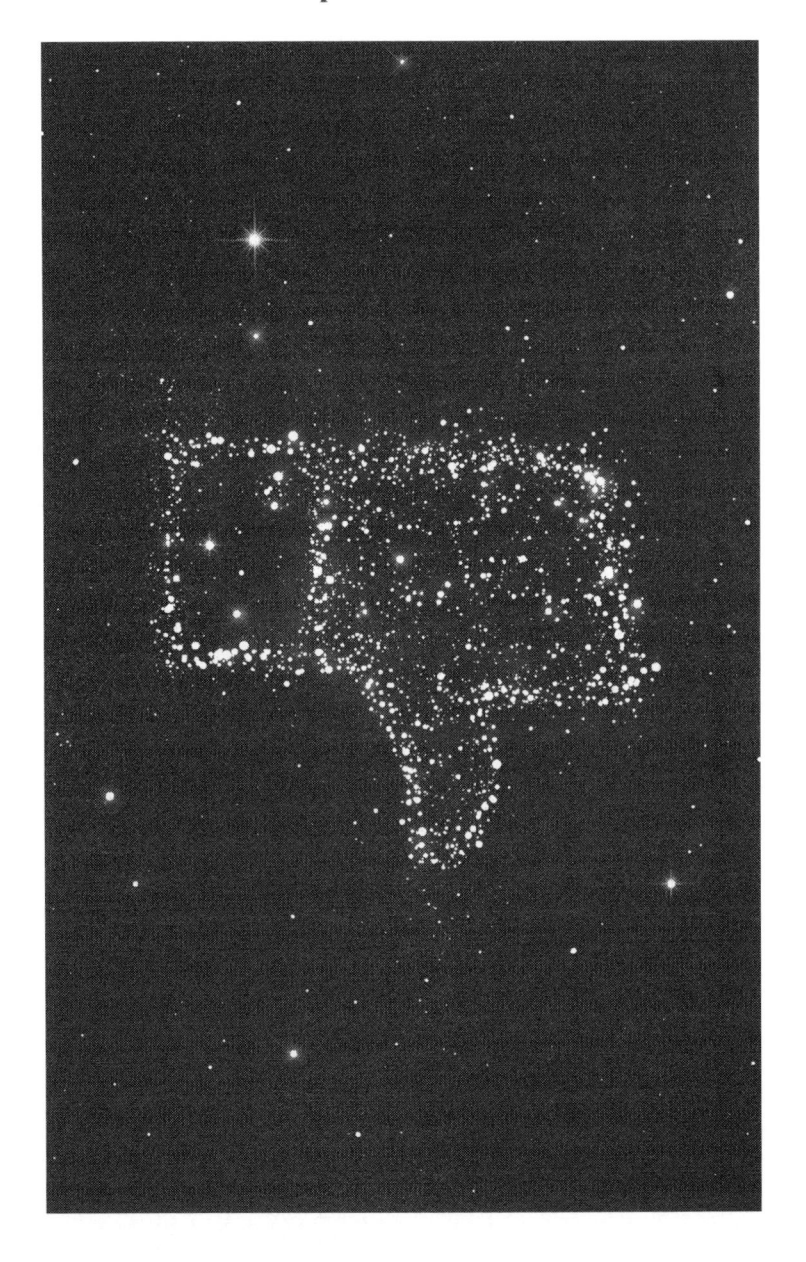

Te perdiste tú
y me perdí yo.

Se perdieron hijos y sobrinos,
y mesas enteras de familias adormecidas.
Se perdieron cenas y risas,
y la temperatura de muchos platos
que nos devolvió el milagro del microondas.

Se perdieron burbujas de vinos afrancesados;
despegaron de sus copas aburridas
como espíritus de fuegos fatuos.

Se perdió más de un pavo de Navidad
y algún camello despistado,
que en sus fotos quiso inmortalizar
lo que al mundo estaba vedado.

Algún hombre perdió su identidad
y ganó otra oculta a cambio,
que, lejos de querer ser superhéroe,
decidió obrar como villano.

Se perdieron padres y madres de familia
y renacieron púberes sobrepasando los cincuenta años.

Se perdió la niñez
y ganó algo que aún no hemos bautizado.

Se perdió la inmortalidad del recuerdo
y ganó el victimismo,
sobre lo que en pantallas eléctricas
por siempre queda descrito.

Se perdió aquello
que de la vista dejó de estar presente.
Y se ganó un mundo reducido,
en miles de píxeles circunscrito.

Se perdieron vidas y matrimonios
y otras relaciones de pareja.

Se perdieron paseos con perros
y caricias en el lomo.
Y se ganaron selfis de unos rostros
que no sabían dónde estaban mirando.

Se perdieron desayunos en pastelerías
y el reflejo de un coche en el cristal
en el que circulaba la persona amada;
aquella que no conocerás.

Se ganaron fotos de paellas
y dedos pulgares que,
con disimulo,
a muchos se les metían por el culo.

Se perdió el aire y la lluvia
y algunas tardes de pelota.
El musgo y las briznas primaverales,
y el crujir de las hojas de otoño.
Se perdieron setas,
que en el campo quedaron por siempre muertas.

Se perdió la infancia y los bocadillos de Nocilla.
Y rayuelas en el suelo,
y pelotas rodando hacia calles despistadas.

Se ganó un pájaro azul que no piaba sobre ninguna
rama.
Emergió un nuevo flautista de Hamelín
que trasladaba personas en vez de a ratas.

Toda una generación se perdió la vida
pensando que, aquella, era forma de vivirla.

Bajo luces

En mi pueblo huele a castañas,
chucho mojado y centenaria niñez.

Huele al impertérrito rey de roca,
y a la piedra y el oro
que el rey de carne
arrancó a mordiscos a la inamovible montaña.

El otoño ya ha llorado cada una de sus hojas
y estas yacen desperdigadas
en calles que, de otra forma,
nunca habrían llegado a conocer.

A veces, tras un paseo en el que suelen rehuirme los gatos
y se me acercan perros
cuyos dueños les dejan hablar por ellos,
y polillas que bailan al son de bombillas incandescentes,
me siento en el sofá de mi casa,
y entre cervezas de trigo
y el denso humo de una pipa
parida en tierras antaño moriscas,
desempolvo un cuento cuyas letras hacía tiempo que no veía.

Es entonces cuando siento temblar
cada nuevo libro que aguarda en mi estantería;
y los huevos en el frigorífico
junto al queso tierno
por aquella tortilla que no llegará a cuajar.

Y así voy dejando que se pase la vida:
frente al horizonte de un cuarto piso
que me muestra la silueta de un Madrid ahogado.
O desde el interior de una furgo
impregnada en capas de salitre

cuyos mares no se reconocen entre sí.

A veces leo libros cuyas páginas
están tan subrayadas
que ellas solas se han llevado
más de la mitad de la vida de un lápiz.

Lo hago bajo la tenue luz de un flexo,
o bajo el pequeño foco de una linterna de espeleología
que compré en un chino a las dos de la mañana
junto a una barra de pan todavía humeante.

A veces este foco me descubre frases
que perdurarán más
que cada uno de los enlaces de hidrógeno
que anexan mis moléculas.

Y en otras juega a obsequiarme,
mostrándome
las pequeñas perlas que pierde el collar de la vida:
como ese poema que no te avisa de que en sus hojas
no existe lo demás.
O la cuerda de una guitarra que aguanta cualquier melodía,
pero rompe por siempre cuando le toca el turno al
último compás;
O alumbrando el paso estrecho
que lleva a la baldosa acostumbrada a quebrar
cuando en ella ponen el pie mis sueños.
O alumbrando el humo que despega de una hoja que,
al orinar, siempre me lleva a mis quince años
y al olor de mi último campamento.

Lluvia

Llueve.
Otra vez.

Llueve ahí fuera,
en mi cabeza,
sobre el tiro apagado de la chimenea,
sobre un suelo encharcado
incapaz de admitir el volumen de una lágrima más.

Llovieron las palabras.
Sobre todo las oscuras,
y, como en otras veces,
se nos enquistó el tiempo.
Se nos atragantó un verbo.

Vete.

Márchate.

Me gustaría ser gato y conocerte

Me gusta perseguir ideas de lejos;
verlas en el horizonte de mi cerebro
y que una llamada tuya,
o el recostar de tu cuerpo,
haga que se pierdan en la lejanía.

Me gusta que me distraigas la vida y
que, de vez en cuando, quites el dis
y me hagas un poco más joven
que la última vez que caminamos juntos
por cualquier avenida.

Me gusta perseguir gatos con la vista.
Ver cómo se pierden tras un muro
que mi perro no puede salvar
y mirar a este y desear que entienda que:
«Te tienes que joder, tío.
Has nacido del otro lado de la naturaleza y,
como casi todos,
hemos sido bendecidos con una sola vida».

Si tuviéramos siete malgastaríamos seis
y la última la lamentaríamos
pensando en que nos hemos desperdiciado.
Por eso el universo aún se niega a hacernos
del todo eternos y no nos permite
pegar esos saltos.

Aunque siempre será mejor perderse
que perderte y tener claro que
una humana, o siete felinas, son insuficientes
para lo que mis electrones
desean chispear junto a tus neutrones.
Para las bombas atómicas
que quieren provocarte mis gónadas
y las invasiones alienígenas
que planea ejercer mi lengua en tu boca.

A veces me gustaría reventar a conciencia
cada uno de los enlaces moleculares
que anexan mi cuerpo
y convertirme en otra cosa
que pudiera acompañarte en el bolsillo.

Ser el bolígrafo con el que apuntas tus sueños,
la libreta en la que agendas tus citas
o el lienzo sobre el que derramas tu talento.

Ser la sábana sobre la que te masturbas,
las rodillas que sostienen tu cuerpo
o el alimento diario que te sirve de sustento.

El agua de limón con el que inicias tus días,
la miel que devuelve la salud a tu garganta,
los auriculares que reproducen tu música
o el cajón de las verduras al que tanto le metes mano.

Me gustaría ser un pensamiento tuyo
en el que no saliera yo, y solo fueras tú.
Un destello fugaz de tu cerebro
que tuvieras que perseguir con esa cabeza olvidadiza.

Me gustaría ser gato y conocerte.
Hacer cameos en la película de tu vida
y saber que me restan seis vidas
para verte pasear alegremente.

Saber que podré verte cada noche desde un tejado y,
que con suerte,
quizá te pares a rascarme la tripa
tras deshacerme sobre el pavimento en arrumacos.

Arcoíris Pi

Quiero vivir un arco iris de colores
cuya caída a tierra tienda al insondable Pi.
De extensión con la que no valga ninguna métrica
ideada por un viejo hombre.

Quiero vivir vientos laterales,
que me hagan levitar de costado
y me depositen en sitios que,
en algo,
aunque el tiempo te haya situado lejos,
me lleven a ti.

Quiero vivir cada grano de arena
que forme un desierto
y cada mota de polvo
que deje caer el reloj de tu cuerpo.
Y verme las caras y ajustar cuentas
con cada célula que, desde tu interior,
se atreva a plagiar tu belleza
duplicando una genética
que escasea en este mundo.

Quiero vivir cien mil hijos contigo;
adoptemos África y acunémosla,
como antaño hizo esta madre
con lo que un día fuimos.
Después sigamos con Asia, América,
Europa y Oceanía,
y echemos abajo cada bandera
que la naturaleza no sea capaz
de reproducir en nuestro arcoíris Pi.

Quiero ver como se apaga una estrella
y velar sus restos hechos noche
con la luz de la vela
que soplaste en tu último cumpleaños.

Quiero salvar de la muerte a un animal,
y entregarle el tiempo y el espacio,
devolverle la planicie y el río,
el torrente y la montaña,
la vida y la hojarasca que,
durante siglos,
le robaron mis antepasados.

Quiero ver apaches libres
oteando un horizonte salvaje de Madrid.
Que naden los peces por el Manzanares
y que fuera del parque del Retiro
un pájaro pueda ser verdaderamente feliz.

Quiero que sostengas las riendas de mi caballo
y me lleves hasta aquella tundra
con la que nadie más ha soñado.
Robar el apelativo a los salvajes y que,
a partir de entonces,
la otra humanidad nos reconozca así.

Quiero ver vikingos huyendo de un Ragnarok
que se cague de miedo cuando de lejos
intuya el fuego que alberga tu corazón.

Quiero orbitar alrededor de todas las estrellas
que conforman el universo,
sin temer su fuego
tras sobrevivir a la primera noche
que me hiciste arder en llamas.

Quiero verte comer arroz con palillos
y que folles conmigo bajo aquella pagoda china
cuya sombra prometía la eternidad
para cualquier pareja de espíritus.

Aunque cambiaría todo lo escrito en referente a mí,
en este y en cualquier otra colección de versos
que aún estén por venir,
si la vida me asegurase que así vivirías feliz.

Se trata de

Se trata de vaciarse,
de aceptar las cosas.

De dejar de ser sparring
y acertar un crochet de vez en cuando
en la cara de la puta vida.

Se trata de abandonar el miedo,
ese que paraliza,
y cambiarlo por otro miedo,
más versátil, más de dioses,
del que empuja a actuar
y a afrontar las cosas.

Del que sintieron los olímpicos
frente a inmensas hordas de titanes
con ganas de cargarse
lo que alguien acababa de construir.

Del que arranca gritos viscerales
cuajados de salivazos de valentía.

Se trata de ser bestia (a veces)
y menos humano (en otras veces).

De pasear más, y andar menos.

De tocar más perros por la calle
y sonreír al señor que se encuentra
del otro lado de la correa.

Se trata de acabar las cosas que has empezado
y empezar otras que, quizá,
nunca llegues a terminar.

Se trata de soñar unilateralmente y
que tus sueños
sean los míos,
y tú quieras ayudarme a cumplir
cada uno de los que haya pasado por mi cabeza.

Se trata de mirar a derecha o izquierda
(aquí no se habla de política)
cuando despiertas
y descubrir sobre la almohada
la maraña de cabellos que
olisqueaste anoche mientras embestías.

Se trata de mirar atrás y alzar la mano.
Despedirse de los que, por pura evolución,
aún tienen mucho que recorrer.

Se trata de sonreírles a ellos también,
y pegar una patada a la tierra del suelo y decir:
«¡Cabrones! ¡Lo bien que lo hemos pasado juntos!».

Se trata de avanzar,
aunque la vida se empeñe
en jugar a la bicicleta estática,
elíptica o a la cinta de correr.

Se trata de hinchar el pecho,
respirar, desear, compartir, disfrutar.

Se trata de mí,
pero sobre todo de ti.

De copular juntos,
de amarse entre sábanas,
pero también en un baño público.

Se trata de escuchar en silencio el canto de un pájaro
y saber en qué momento silbar
para que este conteste con una alegoría.

Se trata de ver cómo se zambulle una rana
y no tener pereza de ir tras ella
aunque el agua esté muy fría.

Se trata de tomar menos productos détox
y no contaminarse cada día.

Se trata de viajar lejos,
a la Cochinchina,
pero también cerca,
a la esquina por la que cruzas la calle para ir a trabajar.

Se trata de verte volar
y no tener miedo de que me saludes desde arriba.

Se trata de abrazar árboles,
pero también personas.

Se trata de amar, ¡¡joder!
Aunque no seas nunca amado.

Se trata de enamorarse de la vida,
de una cerve con un cuenco de anacardos fritos
bajo un cielo parecido al de Los Simpsons.

Se trata de B y de S, y de todas las letras de este
mundo.

La cama acabó desbaratada:
Sábanas revueltas,
arrugadas,
manchadas de la excitación de habernos conocido allí;
tan llena de nosotros,
que cuando se marchó al amanecer,
fue como si no se hubiera ido.

Qué más da... Si has estado muriendo lentamente

Tenía el pelo corto.
Aunque también se lo vi largo,
a media melena, más corto todavía,
teñido de negro, con peluca morada
y reflejos de plástico.

Me lo mostró de muchas formas y,
aun así, no me cansaba nunca de mirarla.
De recorrer sus caderas en papel fotográfico,
bizquear al ver sus pechos en 2D
y descubrir que se ha dedicado a sembrar el mundo de travesuras;
con perros, con gatos, con niños…

Cualquier bicho le sentaba bien,
o era ella la que les sentaba bien a los bichos que,
todo hay que decirlo, de vez en cuando,
también se merecen que caiga otro ángel sobre la Tierra.

Apareció un día sin más en mitad de mi teléfono móvil,
destrozando muros, prisiones
y cadenas a las que,
por rutina, solía abrillantar sus eslabones.

Me dijo que podía llamarla como quisiera y,
como yo quería hacerlo,
no se le llama a nadie el primer día.
No.
Porque para decir «mi amor»,
al menos hay que mirarse una vez a los ojos.

Aunque pregunten a los visitantes del Prado que,
obnubilados,
desgastan la vida contemplando un cuadro,
jurando promesas a la pintura de una mujer
a la que jamás llegarán a conocer.

Y, en eso yo,
he tenido la suerte de que no nos separen varios siglos,
un lienzo, una capa de polvo, y los trazos de un pincel.

Y es que ella tenía mucho de todo pero,
sobre todo,
de obra de arte de un pequeño pueblo
al que el nombre no le hace justicia:
Las Matas.

Ella, de matar,
creo que poco.
Si hasta me aconsejaba esquivar a las hormigas
cuando salía en mi bicicleta
y pensaba que la vida se resumía
en mantener el cuerpo en óptima forma.

Pero de morirnos los demás por echarla de menos,
de eso ya voy sabiendo un huevo.

Una sola vez escuchando su risa
me bastó para saber que de ahí no se salía.
Que el mundo está lleno de vicios jodidos,
pero ese, el de su voz,
estoy seguro de que es
de los que te arrastran hasta la misma tumba.

Pero qué más da morir henchido de vida entre sus
piernas,
si has estado muriendo lentamente cada día.

Y es que con ella no valían los miedos,
ni las cobras, ni echarse para atrás en el último momento,
porque era el tipo de mujer que resucitaba canciones,
adornaba estribillos
y me hacía recitar por lo bajo una y otra vez
aquella letra olvidada de Danza Invisible:

«Labios de fresa, sabor de amor, pulpa de la...»

A veces se tiene un golpe de suerte

Tengo sueños pequeños.
A veces con olor a café, a chimenea,
o al patio mojado en el que me gustaría cenar
durante el resto de veranos.

Hace tiempo que ya no quiero ser grande.
Que prefiero escuchar
un papel de regalo rasgándose
que el sonido de monedas entrechocando en los bolsillos,
a no ser que estas provengan de otros países.

Busco a alguien para viajar en tren,
y en Vespa,
de vez en cuando en bicicleta,
pero sobre todo por la vida;
a pie, caminando, a veces de la mano,
aunque tampoco soy
de los que la agarran excesivamente fuerte.

Si quieres soltarte, que sea para verte volar.
Vuela sin soltarme,
y juntos procuraremos aterrizar en el cielo.

Soy de los de poner cosas a tu alcance porque sí.
Puede ser una historia,
un ramo de campanillas silvestres
o un botellín de cerveza de una marca que no conoces.

Nunca he sido de entender mucho la vida,
ni a las personas
que no me miran directamente a los ojos,
ni a los que hablan en susurros
porque tienen miedo
de que pueda reconocer su verdadera voz.

Soy más de entenderme con una sonrisa,

con un cabeceo discreto,
un apretón de manos
o compartiendo un texto subrayado.

A veces me reconozco en la comisura de unos labios,
en el pestañeo lento de unos ojos de mariposa
o en el calor de unas pocas entrepiernas.

Mejor en horizontal que en vertical,
aunque tú en esa pose
quieras provocarme un profundo vértigo.

Amo encontrar miradas perdidas
y el perfume que dejan ciertas mujeres a su paso que,
por norma general,
suelen deambular de forma sencilla.
Aunque hay de todo,
como en la televisión o el concesionario,
o en las ofertas de Lidl
por las que la gente común se mata un sábado.

Aborrezco el machismo porque no lo entiendo.
Y aquí poco más tengo que decir,
porque sobre este tema
otras voces tienen que alzarse.
Yo aguardaré con una sonrisa en los labios,
y la pluma afilada en el bolsillo,
para pintar sobre aquellos hombres
que no entiendan de lo que hablo.

Adoro al individuo,
sobre todo al que tiene algo que decir
y no repite consignas aprendidas,
aunque estas hayan salido de alguno de mis libros.

Me gusta contar los días que quedan para el fin de
semana,

y para el próximo viaje o la próxima película.

No me hables de números
porque ya saqué mis debidas matrículas.
Ni de política o religión
a no ser que ambas ya estén extintas.

¿Sabes? No.

¿Cómo ibas a saber?
Si nunca te ves con el valor de preguntar.

Hace tiempo que valoro más la curiosidad
que unos ojos azules,
unas caderas danzarinas que un fémur
por cuya longitud se pierda la vista.
Un baile improvisado
que toda una noche de discotecas.
Una copa de vino compartida
que sumergirme en la profundidad de una bodega.

Lo dejo aquí, esperándote a ti.

(Pocas semanas después de haber escrito lo anterior, encontré en una persona todo cuanto describe este poema)

Dragón

En Shambala hay un lugar
que sobrevuela el último de los dragones.
Bajo cuyas alas
la voz cambia
y la sonrisa ensancha.

El único paraje en el que decidió
dejarse morir el miedo,
porque el dragón no entiende de este sentimiento
ni de otros que no tengan que ver
con el poder de su fuego.

Un lugar en el que desearían pernoctar
enjambres de personas,
pero que solo pueden habitar
un par de almas destinadas;
jinetes innatos de las escamas,
cabalgadores de un escurridizo presente que,
cada noche,
desfallecen abrasados en el fuego
de sus propias llamas.

En las aguas del río innavegable,
los huevos del dragón aguardan,
bajo las capas de hielo
de aquellos que se les heló el alma.

Tenemos tiempo

De todas las mentiras que
con impunidad salieron de la boca del hombre,
esta es la que más daño nos sigue haciendo.

Tenemos tiempo nos hace creer
que las cuerdas de una guitarra no se rompen,
que las baldosas por donde pisan los sueños
nunca quiebran,
que el vinilo de cuentos que escuchabas
en el tocadiscos de pequeño nunca se rayará,
que un padre es para siempre,
un hermano para el resto de la vida
y un hijo mucho más.

Que los animales tienen un lugar en el cielo
y aquí podemos darles un poco de nuestro infierno.

Que el amor es eterno
y el odio se cura dejando correr los días.

Que las lágrimas se secan por sí solas
y la risa llega sin necesidad de hacer cosquillas.

Tener tiempo nos aleja de actuar como quien somos
y nos lleva a actuar como quien creemos ser.

Tenemos tiempo te desatiende del momento,
te hace vivir cuentos cuya página en blanco
siempre es la del final.
Señala títulos de libros que nunca leerás
y te centra en textos por máquinas manuscritos.

Tenemos tiempo nos hace pensar que
podemos posponer cualquier cita.
Nos lleva a ver a los amigos en Facebook
y a desconocidos transitando por la calle.

Tenemos tiempo es lo que dicen los acorbatados
en la calle de Bailén número 3,
entre legislatura y legislatura.
Y nos lleva a mirar al suelo,
porque siempre habrá tiempo para alzar la vista de nuevo.

Tenemos tiempo ha quebrado más vidas que la guerra,
y dilatado más el arrepentimiento
que el sermón de un predicador.

Tener tiempo fue el error que me llevó en la vida,
a posponer y otorgar perdón.

No tenemos tiempo,
y hasta que nos demos cuenta,
será el tiempo quien nos tenga.

La valentía no decepciona

Me lo dijo alguien que se saltó
cada señal de prohibido de las avenidas de mi cerebro.
Que no respetó ni uno solo de los stops que,
durante años,
como fiel currante de carretera,
sembré por las calles que llevaban a mi futuro.

A ese que imaginé como propio y
que, en realidad,
pertenecía a todos los miedos
con los que nunca llegué a firmar las paces.

Me lo dijo alguien con la habilidad de extraer
cualquier porción de tierra de su tiesto,
del mío,
del tuyo,
y formar con ella una bella escultura
en la que por siempre verse reflejado.

Alguien que nunca asistió
ni asistirá a un baile veneciano
porque no se ha fraguado máscara
que pueda ocultar cada rasgo de su rostro
que sabe a imponente verdad.

Alguien que me enseñó que
más de la mitad de la humanidad
vive en constante Halloween y carnaval.
Para la que la mayor valentía
es abrirse y llorar.

Y es que la cobardía es el equipo de fútbol más grande
que cuenta con centenares de millones de seguidores
que lucen con apatía su camiseta.

La cobardía tiene miles de disfraces y
demasiadas camas en las que acostarse cada noche.

Sale en todos los canales de televisión
y programas de radio
y es el servidor más grande de internet.

Si no fuéramos cobardes
no iríamos a trabajar cada día
sin dar los buenos días a cada ser humano que,
durante años,
nos ha acompañado en el mismo vagón de metro.

Y es que por la mañana he visto caras
que parecen saber
que su tren parará muy cerca de Auswichtz.
Que se matan de hambre
porque alguien llamado «Mundo»
impera que lo mejor para un selfi es estar delgado
y morir en cámaras de gas que se guardan en el bolsillo
y valen cuatro pavos en cualquier estanco.

La cobardía no forja estrellas,
ni planetas,
pero sí personas que acabarán
apilando miedos que llamarán «mundo»,
y querrán hacer del él el tuyo,
el mío,
el propio.

No hay abrazos cobardes,
ni besos que caigan en el lado oscuro.
Ni un te quiero que no sirva
para hacer de este sitio algo mejor.
Me lo enseñó la vida,
después de un tiempito
en el que nos miramos
durante treinta y seis años a los ojos.

Por eso ahora no pasa un día
sin saludar a cada viandante de calle
que la dirección de sus pasos le convierta en mi
prójimo.
Ni veinticuatro horas en las que no despliegue
mi modesto metro y pico de envergadura
y pegue un abrazo al rincón de aire
que ocupas cuando te sientas en el sofá.

Volar

El mundo no nos dio alas,
pero sí un par de extremidades con las que abrazar.

¡Úsalas!

Y echa a volar.

Me gusta el nombre de Halley para un perro

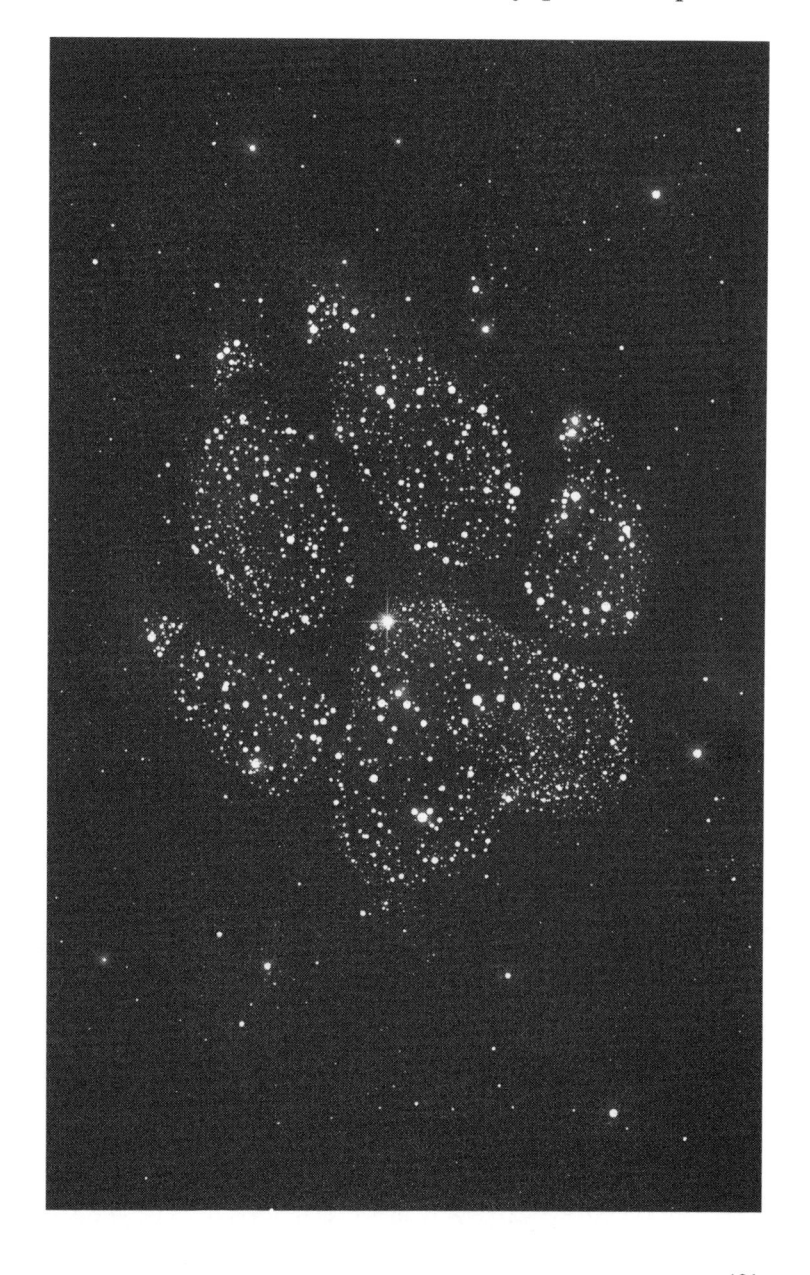

Pocos recuerdos brillan desde la lejanía de la infancia,
ni cruzan la vía lechosa de nuestra memoria,
con una estela tan larga
como el del primer ser no humano
que te acompaña en la vida.

El mío se llamaba Chispa y,
aunque aún no es nombre de cometa,
brillaba intensamente sin la necesidad
de un cielo hecho noche
mientras surcaba el piso de nuestro salón
a la velocidad de un evento cósmico.

No tenía raza o, al menos,
la suya no salía en los libros especializados
que ojeaba de las estanterías del salón.

No aprendió a hacer trucos,
salvo el de hacerme feliz
y en ese llegó a rivalizar con los mismísimos reyes magos.
Y el de jugar conmigo cada tarde sobre una alfombra
al calor de una chimenea que abrasaba unos años
que ninguno de los dos sabíamos
que se marchaban para no volver a verlos.

Tampoco daba la pata,
ni falta que le hacía a un niño,
si a cambio se dejaba rascar la barriga fuera de horario;
cuando te levantabas a hacer un pis a medianoche
y en el pasillo te topabas con una bola de pelo cardado
y colmillos capaces de espantar
a cualquier monstruo salido del armario.

Cuando la lluvia le mojaba,
o volvía con la humedad del paseo de un día nublado,
olía a todas las cosas buenas

que el hombre no ha querido guardar
en el interior de un frasco de perfume.

Orinaba en la calle
y se guardaba sus peores gases
para cuando estuviéramos en casa,
donde uno solo de sus cohetes
podía desencadenar horas de risa
en una cuadrilla de hermanos.

Le gustaba colarse bajo la mesa de la cocina,
hacer de ella su guarida,
y lamer unos pies de verano
que sabían a sal y cloro para la piscina.

Él me enseñó que en la vida
no vale solo con rascar puertas,
lloriquear sobre una manta,
o poner una mueca que haga que tus ojos
parezcan tan grandes como un exoplaneta.
Que a veces hay que enseñar los dientes,
ladrar, chillar o gritar, y dejar bien claro que:
¡Eh! ¡Estoy aquí!

A veces miro el firmamento cuajado de algo que llega a mí,
pero a lo que nunca llegaré yo,
y las estrellas y el aroma de cada mota de polvo
que conforma el universo
me recuerdan a ese perro.
Entonces sonrío porque al menos ya sé,
que, al igual que al próximo Halley,
a ambos nos faltan menos de setenta y cinco años
para que volvamos a vernos.

88

Se vende sueño sin conquistar.
Pocas pulsaciones.
A veces, parece que va solo.

Polaridad

Tenía la costumbre de perder
con demasiada facilidad el norte,
hasta que me hiciste ver que,
en realidad, siempre estaba de espaldas al sur.

¿Vive Dios?

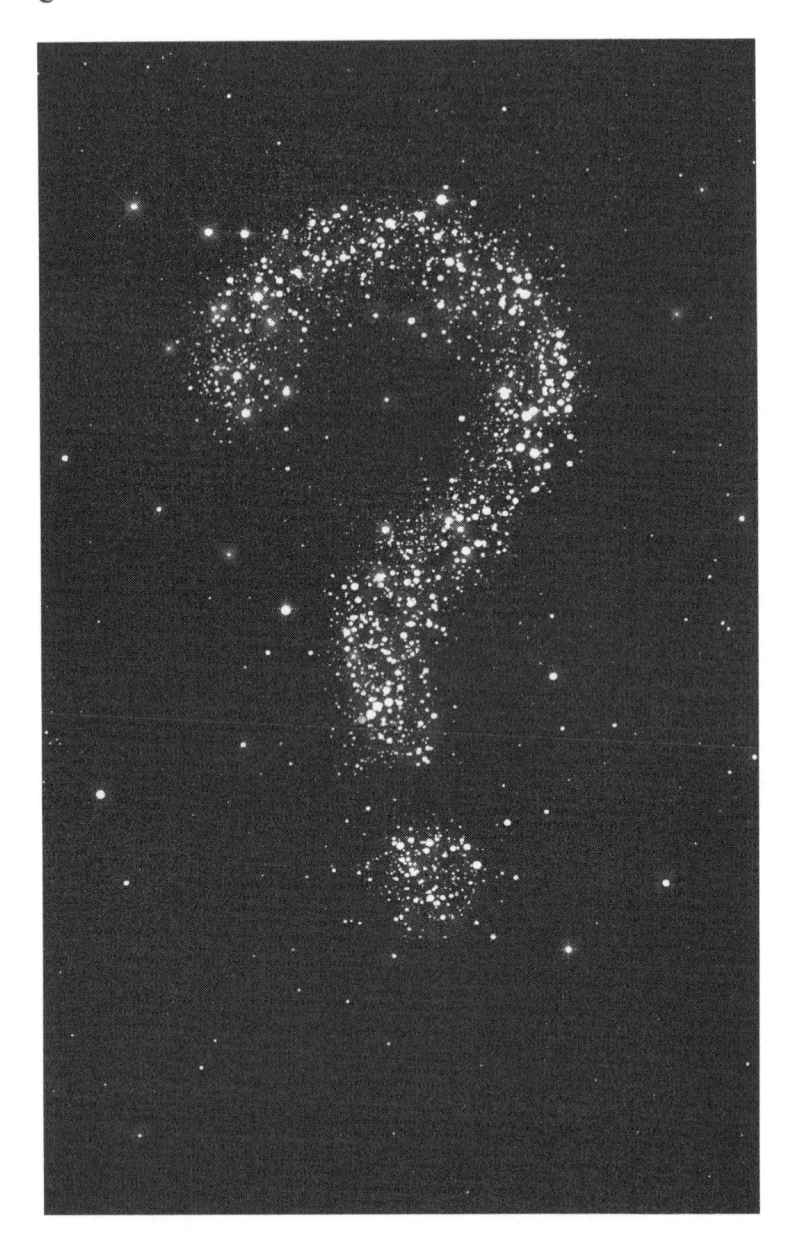

¿Vive Dios en almas que hallan en tierra
un fragmento del paraíso vedado,
de seres por cuyo interior
en gotas de tiempo finitas,
aún corre con esperanza la vida?
¿O en aquellos que permiten a su mente
gestar un infierno ardiente y torturador?

¿Vive Dios en aguas contaminadas?
¿En bosques destruidos
por el apetito voraz del capitalismo?
¿En los árboles abrasados
por el derroche infame de la construcción?

¿Vive Dios en la miseria en la que se ahoga
la cuna de la humanidad?
¿Halla cobijo en las venas colapsadas
del hombre occidental?
¿En los ojos rasgados del asiático que,
alimentado por milenios de introspección,
se deja saciar con las aguas del insustancial presente?

¿Vive Dios en las válvulas de plástico
que brindan a un corazón muerto
la oportunidad de latir de nuevo?
¿O en los despachos de aquellos
colosos de acero y cemento
que no temen rozar con sus puntas el cielo?
¿En los parkings cuya superficie viola la tierra
sobre colchones que tocan a las puertas del averno?

¿Vive Dios en los mataderos?
¿En los verdugos eléctricos?
¿En el cuerpo de los animales de una granja, o,
en las mascotas que agotan
sus días junto a los eslabones de una cadena?

¿Vive Dios en las montañas hozadas?
¿En los ecosistemas que pagaron el precio
de extraer el material con el que alzaron
y embellecieron sus templos?

¿Vive Dios en la profundidad del océano?
¿Allá donde legendarias bestias
subsisten en mundos proscritos
para la raza de cuerpos imberbes?
¿En cavernas cuya longitud no entiende
de las medidas que estableció
un puñado de hombres?

¿Vive Dios en un planeta que fue hecho para todos?
¿O en el rincón más recóndito y alejado del universo?
¿Allá donde otros entes inteligentes se
pregunten acerca de nuestro cotidiano rincón?

¿Vive Dios en paredes de amianto?
Aquellas en cuyo interior, a su resguardo,
duerme tu pequeño amado.
Aquellas que no puede convertir en otras
tu pequeño salario.

En tiempos en los que Dios no tiene router,
ni parabólica en su tejado,
ni GPS con el que explorar
en su carro de fuego el mundo creado,
no hay señal de él
que pueda captar el hombre moderno.

Nadie nos creyó

Nadie nos creyó y, lo peor de todo,
es que llegamos a aceptar que parecía lógico.

«Es lógico»
Nos repitió el anciano maestro de ropajes desgastados
por el paso de sí mismo por la vida.
Ese que para todos es igual,
pero que nadie consigue ver de la misma manera.

El alma humana se diseñó con la tendencia
a creer en cualquier cosa que no fuese en sí misma.
Por eso la palabra de un dios
vale más que la dictada por un semejante,
a pesar de que a él puedes probarle cada día.

Y entre estos dioses nos hablaron
sin que los escucháramos no solo los del cielo,
ni los del averno,
sino todos aquellos que, con astucia,
se han ganado un lugar en el corazón
del hombre de este tiempo;
como el falso dios del dinero,
o el de la casa en la playa, o en la montaña,
¡qué más da mientras sea una segunda,
tercera o cuarta vivienda que no necesitas!

O el del deportivo rojo, la rugiente moto,
o la bicicleta que tendrás que costear
con multitud de meses de tu propio esfuerzo o,
peor aún, del de otros cuyos hábitos cansados
quedan lejos de discutir tu atrevimiento.

O el dios ahogado de la fama
y la gloria en redes de dos mil amigos.
O el de la ropa de marcas tan fugaces
como las virutas de polvo
que se atreven a penetrar nuestra atmósfera.

Dioses vacíos que nos hacen creer
que el mundo tan solo está lleno de ellos mismos.
Dioses que quisieron negarnos que, sin ellos,
no pudimos vivir un amanecer tan poderoso,
cuyo sol siguió abrasándonos
por siempre en sus fotografías.

Y que se atrevieron a contradecir que,
juntos, nosotros,
vivimos orgasmos tan intensos
que nos dejaron tocadas las piernas de por vida;
hasta el punto de que,
nunca más fuimos capaces de amarnos en pie,
y nunca más fui capaz de detener aquel temblor
que me subía por la rodilla.

Y emociones tan vivas,
que por momentos nos ganamos
un lugar entre los inmortales;
seres que, ataviados con legendarias armaduras,
forjadas en oro y singularidades,
envidiaban nuestra sencilla desnudez.

Y presentes tan reales en los que
no cupo jamás la mentira.
Y manjares tan exquisitos,
que nos obligaron a buscar la forma de resetear
nuestras papilas gustativas.

Vivimos la felicidad en el binario de nuestros ojos,
en el braille de nuestros cuerpos,
en las pequeñas cajas de resonancia
de nuestros oídos,
y en el nudo de cuatro manos que, a veces,
se empeñaban en funcionar en simétrica geometría:
trazando círculos perfectos sobre nuestra piel,
insertos en triángulos de fantasía;

que siempre entrechocaban en aquel lado de la cama
en el que las sábanas escribieron
el lema que nos hizo diferentes al resto:
Tú, yo, tú.

O señalando la línea sinuosa de una espalda que,
en contra de los montículos de su geografía,
debían remontar, en vertiginosa línea recta,
el trazo impreciso de nuestras lenguas.

Vivimos tanto y tan barato,
que jamás podremos saldar la deuda
que contrajimos con la vida.

Una estrella truncada

—¡Disculpe! ¡Lo siento! ¿Me permite? —repito una y otra vez esas tres premisas que desde el accidente se han convertido en una muleta más de mi vida.

Al menos el habla no me quedó afectada. Bueno, no del todo. ¡Y doy gracias a Dios! Con los casos de gente tan joven que he visto en el último año en el centro de rehabilitación, me considero un afortunado.

A pesar del esfuerzo, de la ridícula carrera que he echado desde el asiento hasta la puerta, no he conseguido bajarme a tiempo en la parada del autobús. Por lo que otra vez me vuelvo sobre mis pasos, y emulando al equilibrista que se juega la vida sobre la cuerda, pulso el botón que enciende el testigo de parada. Veo los ojos del conductor antes de que clave el pie en el pedal de freno y ello hace que me dispare unos centímetros hacia delante. Por suerte una mujer me engancha al vuelo y no permite que mi cuerpo se incline hasta una pose de la que sé que me va a ser difícil recuperarme. La miro y le sonrió. Es guapísima. Creo que podría enamorarme perdidamente de ella. Pero su mirada no parece corresponderme de igual forma. También sonríe, sí, pero no deja de tratarme de esa manera con que se manejan los niños que están llenos de mocos.

«Tenga cuidado. No debería ir solo. ¿Sabe a dónde va?»

Otro tiro ametrallado de palabras que escucho demasiadas veces. Odio que me miren así. Claro que los ojos del conductor del autobús desde el espejo retrovisor tampoco me desean nada bueno. Ya he visto esa mirada otras veces, cuando la espasticidad de mis movimientos no me permite alcanzar a tiempo mis destinos y les obligo a parar en mitad de la calle. Tan solo unos metros más adelante, pero parecen que son siempre demasiados metros. Quizá el retraso en sus horarios afecte a sus pluses de puntualidad. Es curioso, porque mi plus lleva años afectado por su infernal ritmo de vida y no por ello le echo la culpa a nadie.

Bajo del autobús entre las miradas de reproche de la gente. «Sí, vale», me gustaría decirles. «Todos tenéis prisa. Pero tranquilos, yo también tengo una casa a la que volver». Aunque en este preciso momento me esté alejando de ella. La verdad es que me ha costado mucho tomar la decisión de hacerlo. El ascensor lleva dos semanas roto porque seis de los vecinos han retrasado los pagos de la comunidad. Yo soy uno de ellos, todo hay que decirlo. Pero ¿qué quieren que haga? Con lo que me quedó de pensión no me da ni para cambiar la goma del pie de la muleta. Ya me han llegado dos denuncias. No sé qué se pensarán. Lo mismo se creen que a mí me gusta subir y bajar los escalones a una sola pierna. Al principio parece cojonudo.

¡Todo el día saltando a la pata coja! ¡Ja! Eso me lo dijo un niño de seis años en un parque. No le dije nada, obviamente. Pero vi cómo la madre sucumbía de auténtica vergüenza. ¡Angelito mío...!

Intento alcanzar la acera lo antes posible ya que el autobús me ha dejado en mitad de un carril. Una motillo de pizzero que avanza a toda prisa me esquiva en el último segundo y por poco me golpea con el enorme cajón en el que transporta la comida. «¡¿Pero a dónde vas?!», le grito y le increpo con la muleta. Y esta vez, falta muy poco para que me vaya al suelo. No me acostumbro a eso. Treinta y cinco años viviendo con dos piernas es mucho tiempo para que de un día para otro te digan que te tienes que apañar con una.

Recupero el paso, el de mi único pie, y me subo en la acera. El brazo izquierdo también lo tengo jodido. Funcionar funciona, pero es como si se le estuvieran agotando las pilas. Observo el horizonte. Todavía me falta una eternidad para poder decir que he llegado a mi destino. Por suerte no hay muchos viandantes. Cualquier capital está siempre demasiado abarrotada para que pueda transitarla con normalidad. Piénsalo un momento porque esto es algo que seguro nunca te has planteado. Cuando paseas libremente no ocupas más que el espacio de tus hombros, pero si lo haces con dos muletas, le estás metiendo cuarenta centímetros como mínimo por cada lado a tu línea de horizontalidad. Conclusión: ocupas lo que dos personas aunque vayas solo. Eso te deja en desventaja en las calles del centro, y en las tiendas de rebajas, y en el acceso al metro, y... bueno, qué sé yo. No creo que te dé ventaja en nada. Salvo en los arcos de seguridad, que siempre pitas el primero y aun así te dicen: «pasa pasa». Peor están los de las sillas de ruedas. Esos sí que lo tienen más jodido. En fin. Que siempre me gusta ir pensando en algo cuando voy caminando. Ya lo habéis visto. Así no escucho con total impunidad el clip clip de las muletas.

Recuerdo una vez de pequeño, cuando en la feria de mi pueblo instalaron una caseta de torturas medievales. Mi hermano mayor me llevó allí a deleitarnos con todos aquellos instrumentos llenos de clavos, pinchos y extrañas mordazas. Si él supiera lo que es esto, estoy seguro de que habría firmado conmigo para incluir estos dos palos metálicos entre los más terribles de esos cacharros. Claro que él ya no puede hacerlo. Era uno de los integrantes del coche. Iba sentado en la parte de atrás. O al menos eso es lo que leí en el informe de atestados ya que solo recuerdo trazos. Algunos de los recuerdos de ese día y los anteriores, volaron al igual que lo hizo su cuerpo al salir despedido por la ventanilla y aterrizar a no menos de cuarenta metros. Otros permanecen vívidos y se clavan una y otra vez en el alma como afilados cuchillos.

    De lejos contemplo los imponentes muros que rodean el recinto en el que he quedado con mi chica. Bueno lo de quedar es una expresión que me gusta seguir manteniendo. En realidad vengo cuando me da la gana. Tenemos una de esas relaciones abiertas en las que cada cual, sobre todo yo, corretea libremente de aquí para allá. Antes del accidente la cosa era bien distinta. Ella al fin había alcanzado un puesto de responsabilidad en su empresa y a mí no me iba del todo mal en el taller. Fue en esos años en el que el mundo estuvo a punto de irse a la mierda y de repente nadie podía permitirse un coche nuevo. Todavía recuerdo cómo mi jefe se frotaba las manos con cada cacharro destartalado que cruzaba el portón del taller. Yo echaba horas y horas entre tuercas y grasa robándoselas al tiempo de mis seres queridos y, a cambio él me ofreció un suculento aumento; casi todo en negro. Hay que decirlo porque así entenderéis bien lo de mis problemas con la pensión. El caso es que teníamos ese espíritu joven que caracteriza la mitad de los treinta y unas ganas locas de que nos entregaran las llaves de nuestro nuevo piso. Todo estaba calculado hasta el último segundo. Ella llevaba tres meses de embarazo, la constructora nos daría la llave en el sexto mes, y tendríamos otros tres para decorar y organizar la casa antes de que naciera nuestra pequeña Alba. Sí, coincidimos en ponerle el nombre del amanecer porque realmente era un poco como eso; la luz que iba a alumbrar un nuevo día.

    Recorro la silenciosa avenida hasta la zona en la que sé que encontraré a mi chica. Este lugar es especial. Los árboles crecen de manera distinta aquí dentro e incluso los pájaros no alborotan igual que en el exterior. Parece que todo está pensado para que la gente como nosotros se sienta en un lugar apacible. No puedo decir que me guste este sitio, pero al menos las personas que deambulan en él parecen respetar la singularidad de mi paso. Cuando consigo alcanzar el lugar en el que se encuentra, me siento a los pies de ella y suelto, al fin, las muletas. Me froto las manos llenas de callosidades y abro y cierro los dedos varias veces hasta que recupero el riego normal en los mismos. «Siento no decirte nada, cariño, y dedicarle más tiempo a mis maltrechas extremidades que a saludarte como es debido», tendría que haber dicho. Pero sé que estas cosas entre ambos carecen de total importancia. Somos una pareja hecha o deshecha, según se mire. Intento venir siempre que puedo y sentarme junto a ella a los pies de su tumba. Después sigo la misma rutina. Primero leo esa fecha horrible que marcó el final de su existencia, de nuestra pequeña nonata, y que sirvió de inicio a mi nueva vida.

«24/10/2014», leo en alto a una de esas urracas que no dejan de contemplarme. Después limpio las letras metálicas de ambos nombres con un rollo de papel que llevo en la mochila. Por mucho que me empeñe en sacarle brillo, a la siguiente vez vuelve a estar lleno de telarañas. Supongo que es el pago del insecto. Ya que no pueden alimentarse de nuestros cuerpos confinados, al menos hacen su vida sobre ellos. Luego hurgo en la mochila. Mi madre me ha pedido más de cien veces que por favor me deshaga de una vez y para siempre de ese aparato. Lo saco, lo miro y sonrío. Mi madre tiene mucha razón. Debería deshacerme de él y permitir que el tiempo fluya. Mientras siga agarrado a ese dispositivo de pantalla partida, caigo en la incongruencia de no dar paso a los nuevos días aunque estos no dejen de sucederse. Que conste que me permito sonreír porque no era yo el que conducía. Quizá por eso aún puedo tomarme la vida con este irónico sentido del humor.

Fue ella la que tras mucho insistir decidió situarse al volante del coche durante los últimos ciento cincuenta kilómetros. Podría haberlo hecho mi hermano, pero llevaba un mes con el carné retirado por una multa que le pusieron por darle demasiado a la zapatilla. También podría haberlo hecho su novia, ella es una de esas que han tenido peor suerte que yo. Se alimenta por un tubo y está enchufada a un respirador. Si no condujo, fue porque no le apeteció hacerlo.

—Pero no vamos a culpar ahora a nadie, ¿verdad cariño? —le pregunto a la cruz negra que obvia darme una respuesta. Los dos sabemos de quién fue la culpa. En la mayor parte de las veces las cosas no son responsabilidad de uno solo. La noche no estaba oscura ni la carretera era mala. Sin embargo, me pediste el teléfono móvil y yo te lo di sin pensarlo. Después te pusiste a toquetear en los mensajes. Llevabas toda la tarde sin hacerlo, ¡¿cómo no te lo iba a permitir?! Eran cosas que hacíamos habitualmente. A veces tú, a veces yo. Además, ¡alguien podría querer algo importante! Después vino la curva y ese pájaro que se empeñó en darle a su vuelo una pirueta innecesaria. Luego ya no vi más. No hasta que pasaron varios meses.

Ahora vuelvo a mirar la pantalla de tu teléfono móvil; está rota. Quebrada por mil cicatrices que la recorren siniestramente. Tú ya sabes por qué no me deshago de él. Me he empeñado en seguir conservando ese olor que tanto me recuerda al aroma de tu pelo. Por eso cuando doy esas charlas en los institutos para concienciar a los jóvenes de la peligrosidad de que un adulto conduzca al mismo tiempo que toquetea el móvil, lo enseño y lo devuelvo rápido a la mochila.

«Acabo de llegar y ya es tarde. Otra maldita incongruencia».

Una estrella perdida

Hay en el centro exacto de una remota galaxia cercada por corrosivos gases del universo, un planeta pequeño bajo cuya atmósfera, oscura y densa, se esconde el mayor secreto que aguarda al hombre. No hay otro punto en la galaxia donde pudiera tocar tierra un crucero interestelar, en el caso, de que una avanzada tecnología de la que aún no disponemos sirviera de escudo suficiente para soportar la corrosión a la que la inmensa nube de gases nocivos sometería al casco de una nave.

El pequeño planeta no orbita alrededor de ninguna estrella, ni tiene movimiento de rotación sobre su eje, ni su existencia está acompañada por uno o varios satélites de menor tamaño. Por lo tanto, no se hace en él distinción entre los días y las noches; resultando esta cotidianidad inexistente para un observador. Y, salvo esporádicos acontecimientos cósmicos que, tras el viaje eónico consiguen traspasar la negra pizarra que aparenta ser su cielo, todo permanece inmutable a través del tiempo.

Sobre la cima más alta de la única cordillera de su superficie, se alza en imponente altura, un bloque de piedra cuyas aristas geométricas no han podido tallar el paso del tiempo. En él se narra, en la más antigua forma escrita, una historia singular cuya comprensión pone en entredicho cualquier mito inventado por el hombre. Nadie sabe qué tipo de seres colocaron allí la piedra, ni con qué intención grabaron en ella el mayor secreto que guarda el universo en un rincón tan alejado del mismo, al que ninguna civilización, por avanzada que estuviera, podría acceder en el lapso que compone el transcurso de su evolución. Sin embargo, la historia ha llegado hasta nosotros. Lo hizo a retazos durante la fase más aguda del sueño que sirve de descanso a todos los seres que han tomado conciencia de sí mismos. Apenas unas cuantas imágenes sueltas aquí, como fotogramas rescatados del deterioro de una vieja película. Otras, extraídas a un enfermo mental tras un revolucionario tratamiento hipnótico en el que casi pierde la vida, y, otras tantas, aparecieron, aparentemente sin conexión entre ambas, de la mano de artistas que subieron sus obras a la red. Se desconoce si, en otros puntos del desconocido universo, otros seres han sido aquejados de las mismas formas de transmisión de información y si esta arrojaría un enfoque diferente a la historia.

A través de los años, y de forma fortuita, el destino ha querido que las personas que compartimos la extraña forma de sueño, coincidiéramos recientemente en un café parisino y que, en pocos minutos de conversación, nos percatásemos de la singularidad del nexo de nuestra unión.

Sin más, paso a detallar lo que en aquel solitario planeta una singular piedra expone, bajo un cielo que nunca ha sido contemplado, sobre un suelo que no ha conocido la huella del hombre:

Cuenta la leyenda, que en aquella primera vez que dio paso a un instante tras el que se sucedió otro, en aquel retazo humeante de cosmos en el que se comenzó a percibir algo que inmediatamente se convirtió en tiempo, se formó una estrella cuyo tamaño no ha vuelto a darse en la historia del universo, y cuya luz e incandescencia se asemejaba a la emitida por un cúmulo de cien mil estrellas unidas. Aquellos primeros astros acontecidos instantes después del momento de la creación, poseían plena conciencia de sí mismos, y, como nosotros ahora, transmutados en restos de aquella materia hoy consumida, se relacionaban entre ellos. Tal era la belleza emitida por este astro, que las demás estrellas situadas en galaxias cercanas al lugar en el que la gigante se situaba, lucharon por romper las fuerzas gravitacionales que las anexaban, y, comenzar así, un periplo de acercamiento hacia la fuente de luz más potente que se haya conocido.

La enorme estrella se sentía muy importante, y se jactaba entre el resto de jóvenes y más pequeños astros de que el origen del movimiento de traslación de todos los cuerpos se originó gracias a ella. Al resto de sus semejantes, tras haber recorrido oscuros y enormes confines de espacio, no les quedaba más remedio que reconocer que, sin su visión lejana, no se habrían puesto en marcha.

Un día, tras la habitual caravana de procesión, en último lugar, se vislumbró un punto pequeño y consumido que emitía una luz calma, apenas perceptible entre el río de astros que peregrinaban hacia la gigante estrella. Era una enana blanca que debido a las recientes condiciones de la creación en las que todos los cuerpos celestes contaban con la misma edad, su sola existencia entre el resto de estrellas jóvenes, resultaba de un misterio inexplicable. La presencia de la enana captó la atención de la gigante y, por primera vez tras los sucesos acontecidos tras la gran explosión que dio inicio a todo, la gran estrella se movió. Su paso a través del resto de astros que la contemplaban dejó atónitos a cada ser consciente con el que se encontró, teniendo estos que guardar la distancia para que no resultaran consumidas de inmediato por la fuerza abrasadora que emitía su cuerpo. Cuando llegó a la altura de la vieja enana blanca, la voz que salió del interior de esta estrella, le reveló los eones de tiempo transcurridos para los que seguía sin haber explicación.

—¿Quién eres? —preguntó la gran estrella.
—Una viajera más que, sorprendida por el peregrinaje, ha decidido seguir los pasos de sus iguales. La verdad —reconoció— y, mientras lo hacía, una llamarada blanca emergió desde su interior, elevándose cientos de kilómetros sobre su superficie—. No me esperaba algo así.

—¿Qué es lo que no esperabas? —quiso saber.

—Desde que tengo uso de razón no he vivido una situación parecida. Y eso que en mí albergo la experiencia de haber sobrevivido a cuatro o cinco universos. —Se detuvo, y, una nueva llamarada, esta vez más pequeña, explosionó sobre ella—Han sido tantos tiempos, que no me culpo por confundirme.

La gigante permaneció en silencio, observando los chisporroteos eléctricos que, desde su núcleo, acompañaban las palabras que para ella, y cualquier otro observador de su generación, resultaban incomprensibles.

—En todos estos eones —continuó la enana blanca—, nunca he visto a las estrellas ponerse en movimiento. ¿Para qué nos íbamos a mover? Nuestro cometido es brillar allá donde no hay sentido para otra luz que no sea la nuestra. Deshacer las eternas tinieblas y rehacerlas en instantes de claridad en los que pueda regocijarse quien quiera que observe allá fuera. Sin duda, este es un momento especial, un tiempo único —añadió con firmeza—. El día en que todas las estrellas del universo vencieron las fuerzas que las anexionan. ¡Y todo por ti! Debes de ser muy especial para que, tú sola, hayas conseguido cambiar las leyes que rigen el universo.

—¡Lo soy! —clamó con virulencia y de su ser emanó tal restallido de energía, que el resto de estrellas congregadas a su alrededor, tuvieron que distanciarse cientos de miles de kilómetros para resguardarse del halo destructor. Sin embargo, la enana blanca no se movió del sitio, permitiendo que las lenguas de fuego ajeno la envolvieran por completo. La gigante observó con estupor cómo aquel Armagedón no ejercía ningún efecto sobre la anciana estrella.

—¡No es posible! —exclamó—. Una sola de mis explosiones es capaz de consumir cualquier cuerpo que vaya a la deriva por el espacio. ¡Ya ha sucedido antes! Incluso, una vez, fui capaz de sellar la entrada de un agujero negro que quiso engullirme mientras dormía.

—Sí. Supongo que sí —afirmó con tono tranquilizador—. Cualquiera tendría miedo de ser rozada por la mayor estrella del universo. Pero yo no —dijo, y, algo en su forma esférica, cambió recordando a un gesto de absoluta indiferencia.

—¿Por qué? —preguntó—. ¿Qué te hace diferente al resto?

La pequeña estrella permaneció en silencio durante un tiempo que no habría podido ser medido por ninguna raza de hombres. Y que, sin embargo, a ellas les pareció un lapso justo de reflexión.

—Lo único que podría hacerme diferente a las demás, es que yo, una vez, vi a Dios.

—¿Dios? ¿Qué es Dios?

Otro lapso en el que se desarrolló y extinguió una especie transcurrió hasta que la gigante obtuvo su respuesta.

—Dios es aquello que está y, al mismo tiempo, nunca es presente. Está en cada uno de nosotros. Es el hacedor de todos los mundos que han existido, y todos los que existirán cuando nosotras hayamos concluido nuestra andadura. Fue el primero en engendrar la materia y será el último que tenga la oportunidad de verla. En realidad —dijo tras otro descomunal instante de silencio—, Dios es todo cuanto has conocido hasta ahora.

—¿Dónde está? —preguntó entusiasmada.

—Está cerca. Y, al mismo tiempo, su presencia queda lejos de poder definirse en un punto concreto. Pero no cerca en la distancia, de nosotros, sino en otra dimensión distinta de la espacio temporal a la que no nos corresponde acceder todavía.

—¡Vamos, anciana! —gritó enojada, permitiendo a conciencia que una descomunal explosión, similar en fuerza a una supernova, emanase de ella hasta los confines de un espacio donde un pequeño grupo de estrellas se habían refugiado en lo que consideraban una distancia segura. La pequeña constelación que formaban se consumió de inmediato.

La anciana contempló con lástima como el polvo estelar de la materia que habían sido sus semejantes, llegaba hasta ellos y los envolvía en una nube grisácea en la que apenas traspasaban los rayos de su propia luz—. Haz que tus palabras sean claras, anciana. Dime, ¿dónde está Dios? Ahora mismo solo deseo ver por mí misma a esa singular criatura de la que hablas.

—Me temo que cada vez más lejos de aquí.

—¡Puede alejarse cuanto quiera! Yo soy inmensa; la luz más potente de todo el universo. Todos saben que puedo alcanzar velocidades que ningún otro ser puede conseguir. Si alguien, antes de que acabe la reunión de estrellas, puede verle, no cabe duda de que soy yo.

—Podría ser —reconoció la anciana—. Pero tendrías que realizar un gran viaje. El mayor de todos los que se han hecho hasta ahora. Uno que, con solo iniciarlo, te cambiará por siempre. Uno que te llevará hasta él, pero también te acercará a ti. A lo más profundo que se halla en tu interior. Y, créeme, no hay muchos cuerpos celestes dispuestos a aceptar la visión de lo que aguarda dentro de sí mismos.

—¡Tonterías! Nada me gusta más que mi propia compañía. Nadie disfruta más de mí, ni de mi contemplación como yo lo hago. Pues, por todos es sabido, que no hay planeta desde el que se pueda contemplar mi cenit. Y, con sinceridad, no creo que, ni siquiera Dios, haya conseguido crear un material capaz de soportar el punto álgido de mi energía.

—¿Y no te parece triste? —indagó con sinceridad la anciana.

—¿Crees que, en un cuerpo así, rebosante de luz y partículas en movimiento, hay cabida para la tristeza?

La pequeña estrella meditó mucho esta última idea. Sopesando las consecuencias del viaje que, inevitablemente, tendrían que hacer juntas.

—Yo puedo enseñarte el lugar en el que permanece

Dios. Pero es un camino que a mí no me corresponde hacer. Un sendero que podría destruirme.
—¿Qué quieres decir?
—Ya no dispongo de la energía suficiente para alcanzar la velocidad que se precisa para el viaje. Luego, si en verdad quieres que te lo muestre, tendrás que tirar tú de mí.
—¿Cómo he de hacerlo? —preguntó.

La anciana se situó tras ella, permitiendo que parte de los átomos que la componían se anexaran con los de su semejante, formando un puente de elementos que brillaba con luz calma y prodigiosa, en el que podía verse cada color que ya se había visto en este universo y otros que la anciana recordó de otras creaciones diferentes. Su cuerpo quedó resguardado bajo la silueta del descomunal astro y su visión cegada por la intensidad de la luz que emitía.

—Ahora tú eres mi cuerpo, así como mi vista y otros sentidos.
—Y, si no puedes ver, ¿cómo encontraré a Dios entonces?
—Dirígete hacia el centro, allá donde tu ser dice que se halla. Dirígete sin temor, dándole el mayor ímpetu del que seas capaz a tu acción. Alcanza la velocidad que nada aún ha alcanzado. Deja atrás a todos los cometas, a todas las rocas que, sin rumbo, vagan por el espacio. Déjate atrás a ti.
—¿A mí? —preguntó extrañada.
—Pronto comprenderás, joven estrella.

La giganta se dejó llevar por sus palabras. Apagó muchos de los fuegos que la caracterizaban, adquiriendo un tono volcánico que, con el paso del tiempo, dio a luz a inmensas superficies de roca solidificada. Y así, como un ente muerto en el vacío, se dejó llevar por un movimiento de rotación que levantó vientos allá donde no los había habido antes. Y, cuando creyó hallar el camino hacia el centro del universo, despertó en una explosión brutal que arrojó la capa muerta de rocas a los confines del cosmos, y precipitó a ambas estrellas, a la mayor velocidad que se ha alcanzado, a la búsqueda de Dios. Eones de tiempo se sucedieron unos tras otros, en los que observaron el devenir de millares de extraños objetos. Algunos eran conocidos para la anciana estrella, la cual no dejaba de alentar a la giganta para que no cesara en la fuerza que empleaba en el viaje. Se sucedieron galaxias, y confusas explosiones en la lejanía que ninguna de ambas era capaz de identificar. Y, cuando la giganta parecía desfallecer en sus fuerzas, otra vez la anciana le recordaba que no debía desistir. Que empujara a ambas con mayor ímpetu. Pero solo ella se percataba de que la intensidad del viaje se estaba cobrando el precio del mismo. La giganta se reducía a cada kilómetro que avanzaba. El despliegue energético avivaba el fuego de su compañera, como una brasa expuesta a un fuerte viento, haciendo que esta brillase como no lo había hecho nunca, consumiéndose poco a poco.

Dejaron atrás toda luz que se divisaba en los múltiples horizontes; estrellas lejanas que acudían en tropel al lugar en el que se habían congregado sus semejantes para observar a la giganta que, movida por el viaje iniciático, ya no se encontraba allí.

Llegó un momento en el que no hubo más luz frente a ellas. Pues todas las estrellas se habían agrupado; cercanas las unas a las otras, en la mayor reunión de materia desde los inicios del tiempo.

De pronto, con el cuerpo y las fuerzas mermadas por la duración del viaje, la giganta observó una gran luz. La anciana, sin embargo, protegida por la silueta de ella, no sufrió daño alguno, ni desgaste que menguara un solo centímetro de su cuerpo. La giganta se impulsó con un último esfuerzo alcanzando al fin el misterioso punto de luz que llevaba eones contemplando desde la lejanía. Cuando llegó, deshizo los nexos de unión que las habían mantenido en un solo ser de luz y color. Se giró sobre sí misma, y se sorprendió del gran tamaño que tenía ahora la anciana, mucho más grande que ella.

—Me has engañado —dijo—. Estamos justo donde empezamos —habló al percatarse de que habían vuelto al punto de inicio. Y que, la gran luz que había divisado en la lejanía se correspondía con la congregación de todas las estrellas que habían ido a verla a ella. El espacio del universo no era infinito, aunque tampoco quedaba lejos de serlo. El viaje simplemente había demostrado que la línea recta termina por devolverte al mismo punto.

—No lo he hecho —contestó—. Tan solo te he dado el tiempo que necesitabas para la observación de Dios.

—Y, ¿dónde está? —preguntó, nerviosa—. ¡No lo veo!

—Aún queda un último viaje. Uno que te revelará a él, pero también a ti.

—Pero —se quejó—, a mí ya no me quedan fuerzas para hacerlo. Me he consumido en la búsqueda. Me he hecho más pequeña incluso que tú.

—Yo te llevaré hasta él —le dijo y, anexándose de nuevo, protegiéndola con su cuerpo, tiró de ella hacia arriba, dejando atrás la increíble luminosidad que emitían todas las estrellas congregadas. Viajó tanto, y tan alto, que ya no quedó un lugar más elevado que aquel. Entonces animó a su compañera para que hiciese un último esfuerzo por ver de nuevo y que dirigiera su mirada hacia abajo. La joven contempló con estupor el brillo incandescente que emitían al unísono el conjunto de sus semejantes. Emitiendo gigantescos chorros de estática, que restallaban en látigos del blanco más puro que pudiera imaginarse.

—Es... —titubeó—, increíble.

—¿Ves ahora a Dios?

La joven asintió levemente.

—Siempre ha estado aquí; en ti, en mí, en nosotros. Pero aún no está completo. Falta —dijo al observar y regocijarse en el gran cúmulo de luz.

—Faltamos tú y yo —añadió por la anciana.

—Exacto. Toda la materia del cosmos está aquí reunida. Vinieron a verte a ti, pero te diste cuenta de que lo más hermoso no está en uno mismo, sino en la consecución de un todo.

—¿Quieres que vayamos?

—Sí —afirmó.

—Cuando lo hagamos, el espacio no podrá contener la fuerza gravitacional que se generará.

—Y, ¿qué pasará entonces?

—Nuestros átomos se unirán unos a otros, como siempre tienden a hacer, y se formará un todo en el que nadie será nada, y todo será todo. El espacio explosionará y sabremos de nuevo lo que significa estar lejos.

—Tengo miedo —reconoció.

—No debes tenerlo, pues es algo que ya hemos vivido otras veces. Todo volverá a repetirse. Salvo nosotros.

—¿Por qué?

—Porque en esta ocasión, aprendiste algo.

La última estrella

Calipso

Hacía dos días que no caía la noche en casa de los Bermúdez. El pequeño Hugo dormía un sueño inducido por unas gotas de valeriana que su padre le puso en el último biberón del día. Tenía siete años y todavía no había conseguido desarraigarle de esa costumbre. A pesar de que echó las persianas, y las contraventanas metálicas, rayos de intensa luz plateada penetraban a través de las finas rejillas, obligando a su progenitor a colocar una toalla sobre el marco para que el niño pudiera seguir durmiendo. La claridad era tan fuerte, que ni así conseguía disfrazar de penumbra la estancia. Las espadas de luz revelaron una antinatural película de polvo que flotaba por todas partes desde días antes de que la radio comunicase la noticia. Movió de lado a lado la cabeza, resignándose a la situación en la que llevaban inmersos en las últimas horas.

Caminó a través del pasillo de la casa en dirección a la cocina, pasando de largo aquella estantería que acumula tantas fotografías como recuerdos llenos de dolor: una imagen de las murallas de Ávila en la que podía verse a su sonriente esposa. Otra bajo la imponente fachada del alcázar de Toledo que les tomó un turista japonés. Si su memoria no le fallaba, ahí cumplieron el primer año de noviazgo. Otra de su luna de miel en unas islas paradisíacas cuyo nombre nunca conseguía recordar, en la que su mujer muestra una barriga incipiente, demasiado ligera para ser el quinto mes de embarazo. Y su favorita, y al mismo tiempo más maldita: una imagen de Hugo recién nacido, aún con los fluidos corporales propios del nacimiento impregnando su pequeño cuerpo; envuelto en una toalla, tendido sobre el pecho de la madre para que, según los médicos, no sufriera de la ansiedad propia de la separación.

Se había observado que los niños prematuros tenían una mejor tasa de supervivencia si, durante varias horas al día, se les permitía el contacto del tipo piel con piel con la madre. A pesar de que Hugo solo pudo beneficiarse de esta terapia una sola vez, ya que su mamá falleció de una hemorragia interna a las pocas horas de su nacimiento, había salido adelante sin demasiados problemas de salud.

Desde entonces, los esfuerzos del padre, sus actos, sus pensamientos, fueron dirigidos a devolver a su hijo la figura de la madre que había perdido. De este modo se había sumergido en una búsqueda alocada, sin sentido la mayor parte de las veces, de una pareja con la que volver a cerrar el círculo familiar. Mujeres más mayores, más jóvenes, mujeres que ni siquiera le gustaban, mujeres que no parecían serlo, que pasaron por su mesa, su cocina, salón y, algunas veces, su cama. Sin embargo, ninguna de las personas que conoció le convenció lo suficiente como para plantear la posibilidad de unir sus destinos.

Dos días antes, cuando se enteró de que Calipso iba a irrumpir en su vida, la búsqueda dejó de importarle. Calipso pondría solución a sus problemas. A las horas muertas frente al televisor sin que ninguno de los programas basura que veía durante cuatro horas consecutivas le llenase lo suficiente como para cambiar su expresión de sopor. También cambiaría la desidia y laxitud con la que se enfrentaba cada día a la página en blanco. Antaño, cuando su mujer vivía, las hojas escritas caían con la suavidad de los copos de nieve en mitad del bosque nevado. Pero desde su fallecimiento, sus dedos no habían vuelto a concebir nada, ni bueno ni malo, con lo que poder deleitarse. Para un escritor como él, prolífico por naturaleza, escribir textos malos, carentes de ritmo y/o expresión, habría sido un contratiempo soportable que ya arreglaría durante la fase de revisión. Pero, no disponer de nada que analizar durante esta fase, suponía el fin de considerarse a sí mismo como escritor.

Calipso también pondría fin al problema de la madre de Hugo. De hecho, desde que el niño escuchó el nombre por primera vez, no había vuelto a hablar de otra cosa.

—¿Cómo es Calipso, Papá?
—Grande —contestaba él.
—¿Como tú?
—Más o menos —decía tras valorar las dimensiones de un adulto cualquiera respecto a las de la supuesta hija del titán a la que se refería la mitología griega.

El líquido bulló y la cocina se inundó del aroma tostado del café recién hecho. Giró la llave del gas, y la llama azulada se extinguió de un sonoro golpe. Sacó una taza del armario y se sirvió café hasta el borde. Aquella podía ser su última taza antes de la llegada de Calipso. No había dejado de pensar en otra cosa desde que se enteró del lugar y el momento por el que haría aparición. En un principio barajó la posibilidad de vivirlo en compañía de su hijo. Pero, tras darle muchas vueltas, decidió que sería mejor permitir que las cosas sucedieran con naturalidad. Si el destino había decidido que el crío tenía que estar despierto cuando ella llegase, nada ni nadie, ni sus toallas cubriendo las contraventanas para impedir ese antinatural paso de luz, ni las horas malgastadas en recorrer la casa armado con el aspirador para recoger las toneladas de polvo que disparaban el asma del chico, podrían impedir que Hugo siguiera durmiendo.

«Al menos la valeriana le ayudará a estar tranquilo».

Y mientras su mente se disipaba en estos pensamientos, en el amargor de un café al que no había querido añadir azúcar, y se veía en la necesidad de protegerse los ojos con unas lentes oscuras a pesar de estar dentro de su vivienda, el destino, silueteado en forma de su pequeño Hugo, hizo aparición. El padre chascó la lengua y dejó la taza y las gafas sobre la mesa. Consultó el reloj de pared y concluyó que, según sus cálculos, a pesar de que habían advertido del posible fallo de los aparatos eléctricos, las agujas aún marcaban el momento exacto. Empujó una silla con el pie bajo el mantel, y esta pareció desplazarse impulsada como por arte de magia. La señaló e invitó a su hijo a sentarse. El pequeño vestía un colorido pijama de animalitos que contrastaba con su tez blanca.

—¿Ha sido Calipso la que ha movido la silla? —preguntó.

—No, hijo. Ella aún no ha llegado. Y, aunque nadie duda de que es muy especial, no creo que pueda desplazar objetos sin tocarlos.

—¿Cuándo lo hará?

—Pronto —apuntó con la vista desviada, de nuevo, al reloj que colgaba en la pared de la cocina.

—¿Qué es eso? —señaló hacia una curiosa pieza de madera ubicada en mitad de la mesa.

—Una cajonera. Puedes abrirla si quieres. ¡Adelante! —le animó al contemplar su mirada de estupor corriendo a través de las desgastadas aristas, de la densa capa de polvo e, incluso, sobre una telaraña enrevesada balanceándose desde uno de los extremos. Cualquier observador habría concluido que era un objeto sucio, olvidado en un rincón en el que las polillas y termitas se habrían alimentado de él durante largos periodos, al que era mejor tener la precaución de no acercarse. Sin embargo, la curiosidad infantil le llevó a ponerse de rodillas sobre la silla y tirar con delicadeza del tirador metálico, como si se tratara de una pieza de gran valor.

La madera se deslizó con dificultad, mostrando una colección de objetos dispares; algunos de ellos desubicados o tan extraños de encontrar en el interior de un cajón como una hoja parda, quebradiza, que un ejemplar de arce azucarero perdió durante sus primeros otoños.

—¿Te gusta? —sonrió el padre al hacer la pregunta. Pero, antes de que pudiera contestar, un súbito temblor se apoderó de la base de la vivienda, trasladándose rápidamente a través de los objetos de la casa. Una de las toallas con las que había cubierto la ventana cayó al suelo. El niño se llevó las manos a los oídos aunque, en realidad, no se había producido ningún ruido que pudiera considerarse una amenaza. Cuando el temblor cesó a los pocos segundos, las cortinas de la cocina continuaron oscilando hacia ambos lados.

—¿Qué ha sido eso? —preguntó Hugo.
—Es un terremoto.

«El tercero de esta mañana. Solo que durante los otros has tenido la suerte de estar dormido y por eso no te has enterado», pensó el padre.

—¿Es Calipso?
—Nadie lo ha confirmado, pero no encuentro otra explicación posible.
—¿Quién es Calipso, papá?
—Es la hija de Atlas, aquel que, según la tradición griega, sostiene el peso del mundo sobre sus hombros. Es curioso —dijo con la mirada fija en los rayos de luz, cada vez más intensos, que penetraban por las rendijas de la ventana.
—¿El qué?
—Atlas, el padre, sostiene el mundo aún en contra de su bienestar, y ella, la hija, viene a...

Otro temblor hizo bailar la estructura de la casa. Esta vez fue tan fuerte, que desplazó unos centímetros el frigorífico.

—¡Tranquilo! No pasa nada. Ven, siéntate en mis rodillas, como cuando eras más pequeño —le indicó al reconocer un miedo intenso en su expresión—. Mira. Veamos juntos los objetos de la cajonera. Los reuní durante muchos años, algunos incluso empecé a coleccionarlos siendo menor que tú. En un mercadillo cualquiera no tendrían valor. Dudo que alguien quisiera pagar más de dos euros por todo esto. Ni siquiera la cajonera, antes firme y de mejor aspecto que el de ahora, podría colocarla por ahí. Pero para alguien como yo, que conoce a la perfección la historia de todos ellos, las sensaciones que me despertaron entonces, y el motivo por el que los he guardado, no puedo calcularles ningún valor.

—¿Por qué los guardaste, papá?

—Porque cada uno me recuerda a una etapa muy concreta de mi vida. A veces a gente, animales, un paseo, un sueño... Muchas de las cosas que no damos la debida importancia hasta que nos damos cuenta de que ya no las vamos a poder seguir disfrutando. Escoge uno —dijo tras un instante de silencio en el que una lágrima traicionera se escurrió por una de sus mejillas. Por suerte, su hijo estaba de espaldas a él, concentrado en las diversas formas que tenía frente a sí.

Hugo se relajó al son de las templadas caricias que su progenitor le propinaba en la espalda, en una sucesión de inagotables círculos. De repente el episodio del terremoto, la densa capa de polvo que lo impregnaba todo, y la luz antinatural que les impedía salir a la calle, dejaron de tener importancia. Y, haciendo gala de la misma curiosidad de antes, eligió uno al azar.

—¿Qué es esto?

—¡Oh, Dios mío! —suspiró su padre—. De todos ellos has tenido que escoger justo este. Buena elección. Es una historia larga, pero no me cabe duda de que te gustará. ¿Por qué no enciendes la radio? Me gustaría saber de cuánto tiempo dispongo antes de que llegue Calipso.

—¡Calipso! —exclamó el pequeño al accionar el botón. Una pesada estática invadió la cocina. Jamás el padre había echado tanto en falta el silencio como en aquel momento en el que el dial de la radio tenía nada que decir.

—Tráela aquí —pidió.

Hugo obedeció, al tiempo que volvía a acomodarse sobre sus rodillas.

—¡Empieza con la historia, papá! —le animó, mientras contemplaba su mano girando la rueda que sintonizaba las distintas emisoras.

—Era yo muy pequeño. Probablemente no tenía más de seis años. Vivíamos en un pueblo al norte de España. ¡En Galicia! —exclamó—. ¡Oh! Si pudieras ver mi Galicia, Hugo. Gigantescas extensiones verdes que juguetean con la proximidad del mar. Playas blancas, rocosas muchas de ellas, en las que el marisco crece agarrado a la seguridad de sus grandes piedras.

—Podríamos ir allí en las próximas vacaciones —dijo entusiasmado.

—Ojalá —sonrió con una extraña nostalgia.

«Calipso» (Más estática) «La gran roca» (Estática), sugirió la radio.

—Escucha —dijo el niño con la cara cuajada de asombro.

—Casi lo tengo —dijo mordiéndose la punta de la lengua—. ¡Ya está! —exclamó cuando la voz del locutor desplazó aquel sonido vacío.

«Calipso, la gran roca, está a punto de entrar en nuestra atmósfera. Las últimas horas han sido de una actividad frenética en el instituto geoespacial. Ahora sabemos que el significativo aumento de luminosidad se debe a que está compuesta por un elevadísimo porcentaje de plata, así como de otros metales que poseen, entre otras cualidades, gran capacidad de refracción. Su masa es tan grande, que ha conseguido sacar de su órbita natural a nuestro planeta, desplazando incluso, las primeras capas de nuestra corteza. Se estima que tras el impacto la supervivencia de cualquier tipo de vida será tan solo de 0.0001 por ciento de la población de...»

(Estática)

—Papá —llamó el niño como si no hubiera escuchado nada.
—Dime, Hugo.
—Aún no me has contado lo que te ocurrió en Galicia.

Una estrella caída

Sasha

Contaba con catorce años cuando el amor de su vida se presentó tras ella en un apartado rincón de un museo. Ella era, a ojos de nuestra época, perfecta: delgada, rubia, ojos claros. Encarnación del ideal ario en un Madrid acostumbrado a mujeres y hombres más propios de esta tierra. El cuadro que observaba, a su juicio, no lo era. La imagen representaba a una mujer, cumbre de la belleza voluptuosa, cuyas carnes, especialmente las nalgas, colgaban flácidas. Llevaba consigo una sábana que mal cubría sus hombros y caía con descaro abriéndose hacia la mitad de la espalda. El artista había conseguido plasmar los contrastes con la propia delicadeza de la seda, haciendo que el tejido ondease entre pliegues, luces y sombras, como si la acariciara una brisa proveniente de una ventana. La chica, sin embargo, vestía una malla de algodón gris que, sin permitir ver, mostraba más que el desnudo de la pintura, junto a unas zapatillas rosas con una espectacular cámara de aire que la elevaban unos centímetros por encima de su naturaleza.

Se llamaba Sara Sánchez; la chica de carne y hueso. La otra era una plasmación en óleo sobre lienzo de 92 x 73 cm de una modelo de época que aguardaría unos meses en el Museo del Prado junto a otras exposiciones itinerantes.

Me temo que he de insistir en este punto. Se llamaba Sara y era, y sería durante toda su vida, mil veces más bella que la oronda mujer del lienzo, pero no le gustaba su cuerpo, ni su identidad. Ni siquiera amaba su nombre. Prefería que la llamaran Sasha. Según sus palabras, poniéndose aquel invento de su cosecha en los hashtags de las redes sociales, las probabilidades de recibir un like por cada una de las imágenes que subía al cabo del día a la red, se multiplicaban en varios cientos. Utilizaba el elenco de aplicaciones habituales para cualquier muchacha de su edad, junto a otras más específicas a fin de que, en cualquier momento, la fichara una revista o cualquier otro tipo de medio publicitario. Cada día se despertaba creyendo con firmeza en esta idea y, cada noche, se acostaba creyendo en la misma posibilidad. Durante el intermedio, aquello a lo que comúnmente se le llama vida, no gustaba pensar en otras cosas, salvo en optimizar el uso de su teléfono móvil, a fin de que no la dejara colgada a mitad del día.

No estaba en el museo por casualidad, sino que había ido arrastrada por la voluntad de una madre que luchaba contra toda clase de elementos para sacarla de la cama cada día. A veces, Sara —la madre, no la hija—, tenía que bajar los plomos de la casa para que la hija de igual nombre se desconectara del secador y el cepillo con el que se alisaba el flequillo nada más despertar. En las pocas ocasiones que lograba que saliera de la casa a tiempo para que llegara puntual al colegio, se pasaba el resto del día llorando en una silla, entre sorbos de manzanilla y tiempo, y discos compactos de música relajante que coleccionaba desde hacía años de numerosas revistas. Algunos discos eran de un jazz tan caótico como el propio comportamiento de su hija. Otros, sin embargo, conseguían situarla en un estado cercano a la paz, que dejaban en ella un aplomo tan falso como la expresión de algunas mujeres portada de envases de cereales con fibra que sonreían con las piernas cruzadas sobre una esterilla.

Sara observó una vez más el cuadro. Su labio superior expresó un gesto de asco que solía utilizar varias decenas de veces al día. Asco hacia el cacao que preparaba la madre por la mañana. Asco hacia las naranjas de invierno que se apilaban sobre el resto de las frutas en el frutero. Asco hacia los guisantes congelados. Asco hacia la cosmética de supermercado que, muy a su pesar, solo podía permitirse su familia. Asco a sus profesores, compañeros, colegio, sus apuntes. Asco hacia sí misma. Pero, de entre todas las sensaciones de asco que habían retorcido sus entrañas desde que tenía uso de razón, la mujer del cuadro tocaba un nivel que hasta entonces no había experimentado. ¡¿Cómo alguien se había atrevido a inmortalizar algo así!? ¿Habría contenido el vómito el pintor cuando tuvo que dar los primeros trazos de su cuerpo? ¿Por qué malgastar pintura y talento con una mujer a la que le sobraban sesenta kilos?

El hecho de que Sara estuviera escondida en aquel espacio no se correspondía con lo que a cualquier otro transeúnte del museo le habría llevado allí. Si se había refugiado al amparo de la insinuante mirada de la mujer retratada era porque su teléfono móvil había rebasado, con creces, el número de vibraciones silenciosas que su casi inexistente paciencia podía soportar sin que se llevase la mano al bolsillo. Una chica del grupo de sus amigas, la que más solía seguir sus designios en las últimas semanas, quiso acompañarla a esa sala apartada por la que la excursión de alumnos no se había aventurado todavía. De hecho, las clases, junto al pertinente profesorado, la había pasado de largo como si la contemplación de aquella obra no estuviera en el programa de visitas. Sara Sánchez no lo pensó dos veces, y le contestó a la muchacha con un tajante «no» que potenció con una mirada de las que perdonan la vida hasta el siguiente cruce de cables. Cuando se trataba de gestionar sus cosas, sobre todo aquellas que las circunstancias le habían obligado a posponer durante tanto tiempo, prefería hacerlo a solas. No todos los días la vorágine la obligaba a estar virtualmente desconectada durante treinta y cinco minutos completos y prefería deshacerse de cuanta distracción externa pudiera surgir, a fin de atender su caché social como merecía. Podría ser un nuevo like de un contacto con el que no hubiera interactuado todavía. Si se trataba de un hombre, salvo que su foto de perfil clamase a gritos lo contrario, solía pasarlos por alto. Un rápido me gusta a la interacción aseguraba un futuro interés por parte del gremio masculino. Si se trataba de mujeres, o chicas, el prisma cambiaba bastante. Los perfiles femeninos, sobre todo aquellos que mostraban interés por el propio, debía investigarlos a fondo. Nunca se sabía cuándo una posible rival asomaba el hocico en sus redes a fin de robarle una de sus brillantes ideas de peinado, maquillaje o personalización de ropa. O también podría ser una notificación de aquel fotógrafo que contactó con ella a través de Instagram para ofrecerle una sesión de fotos en un paraje oculto de la sierra, entre árboles de hoja caduca cuyas ramas servían de paraguas para chicas como ella que, muy ligeras de ropa, habían iniciado allí su camino hacia la moda. O aquel chico del otro instituto que lucía la misma cazadora que Mario Casas en su papel de H en la película a 3MSC. El chico todavía no llevaba moto, pero la llevaría, y pronto. Lo que le hacía sonreír por las noches cuando sus dedos buscaban un tipo de pasatiempo concreto entre sus piernas. Solía masturbarse a diario, pero algo le decía que aquella noche, después del cuadro, le sería imposible hacerlo.

  Se llevó la mano al bolsillo, mientras de su cabeza intentaba borrar la imagen de la mujer. El teléfono mostró ciento veintiocho notificaciones de Whatsapp, cuarenta y seis solicitudes de amistad en Facebook, treinta y cuatro notificaciones de seguimiento de su tablero de Pinterest al que había nombrado, con deliberada insinuación, «Mis secretos». Doscientas setenta y una notificaciones de Twitter y catorce nuevos seguimientos a su canal de YouTube. Su canal aún se le resistía, sobre todo porque al ser menor de edad, alguien, no sabía quién, solía, a mala leche, censurar sus contenidos. Tenía casi plena seguridad en que antiguas compañeras de clase, con las que ya no se llevaba, estaban detrás de este intento de hostigamiento a sus perfiles. Entró y salió con rapidez de cuanta aplicación mostraba un numerito, ya que, cuando observaba el escritorio virtual de su teléfono, le gustaba observarlo limpio. Situación que no solía durar más tiempo que el que empleaba en dar dos o tres respiraciones completas y, una vez cumplido el propósito, volvió a entrar en ellas, deteniéndose en la información que se le mostraba con atención.

Cuando hubo terminado el proceso, cuidó de que su mirada no volviera a cruzarse con el horror de la obra pintada y se giró a fin de encontrar el grueso de sus compañeros. El amor, la belleza opuesta, el grueso de sueños inalcanzados a la temprana edad de catorce de años, y puede que de nuevo la inocencia desde hacía mucho tiempo, la golpeó de lleno en el pecho. Sintió florecer la primavera en su estómago y descapullarse un sinfín de mariposas que aún no estaban listas para eclosionar, y caer cientos de estrellas en el océano levantando unas olas de un tamaño que todavía no había conocido el hombre. Sintió que el mundo se detenía y arrancaba de nuevo a gran velocidad y, sencillamente, no supo qué hacer. De todos los sitios que había imaginado cuando aún jugaba con muñecas y obedecía sin rechistar a las órdenes de su madre, y aguardaba su cariño como un plato de comida humeante para un hambriento, aquel sitio, el aburrido Museo del Prado, no había sido jamás marco de sus fantasías. Así que, intentando actuar con naturalidad, y rezando versos de unas oraciones que recordaba de muy lejos, pidió aparentar algo más edad. Entró de nuevo en la sala de la que segundos antes había salido encontrándose con la mirada insinuante de la mujer desnuda, solo que esta vez le pareció que el cuadro insinuaba algo más que un ofrecimiento sexual. La mujer oronda la miraba a ella, sabiendo que ese nuevo rubor rosado que evidenciaban sus mejillas era consecuencia de su falta de seguridad. Ella, sin embargo, la plasmación del artista, mostraba con desdén sus atributos en un desnudo que duraba más de doscientos años. Un desnudo asqueroso, se recordó a sí misma. Por mucho que durante esos siglos se hubieran detenido frente a ella todo un ejército de hombres cada día. Así que, confiando en que el amor de su vida opinaría lo mismo que ella y que sería un buen punto de partida para una conversación, se deshizo de su mochila de estudiante, depositándola en el suelo unos metros más allá, quedándose con una libreta y un bolígrafo, a fin de que aquellos objetos la otorgaran cierto aire intelectual, misterioso, y con ambos volvió frente a la escena del cuadro, quedándose de espaldas a la puerta, confiando ciegamente en el destino. Y este se presentó en forma de muchacho de veintidós años con la barba a medio afeitar. Llevaba una gran bolsa de viaje a la espalda, en cuyo interior guardaba un kit básico de trotamundos. Era extranjero, seguramente europeo. Aunque sus rasgos no revelaban más acerca del sitio del que procedía. En su mano portaba un cuaderno de espiral cuyas tapas se habían abierto y cerrado más veces de lo que el cartón estaba dispuesto a aguantar. Lo llevaba abierto por la última página, en la que a trazos rápidos de carboncillo, se evidenciaba una habilidad especial para el dibujo.

    Probablemente se tratara de un estudiante de arte disfrutando de un año sabático, en el que recorría las galerías y museos más emblemáticos del viejo continente en búsqueda de un tipo de inspiración incapaz de aportar la fotografía de un cuadro en un libro. Su rostro irradiaba la seguridad del que persigue un sueño y ya es capaz de divisarlo en el horizonte.

    Sara se cuadró frente al cuadro al sentir sus pasos, adquiriendo aquella pose tan ensayada en la que arqueaba su espalda hacia dentro unos pocos milímetros y en consecuencia su pelvis se distanciaba hacia atrás de su centro, haciendo que su trasero, sutilmente, se elevara unos centímetros. Era tan perfecta aquella postura; y le quedaba tan bien con respecto a su cuerpo que, a veces, pensaba, que la había inventado ella misma. Poses como aquella, junto al duro trabajo de maquillaje diario y ejercicio, y una insignificante, a su juicio, restricción de calorías, es lo que habían logrado que su perfil estuviera muy por encima del de resto de chicas de su clase. Y del de las del anterior y próximo curso, y el siguiente y el otro. Un internauta debía navegar hasta la élite de la universidad para encontrar algunas similitudes entre lo que podía ofrecer ella y esas otras chicas de licenciatura.

Tras detenerse unos segundos tras ella y soltar lo que a sus oídos había sido un claro suspiro de ganas, de incontinencia, su destino se desvió a la derecha, hasta el final de la galería, en donde le aguardaba un cuadro que ella no se había molestado en observar. Allí depositó su bolsa de viaje en el suelo y, carbón en mano, comenzó a tomar apuntes sobre el cuadro. En pocos segundos hubo conseguido un boceto que le serviría a su adiestrada habilidad para ayudarse a reproducirlo más tarde. Transcurrido un tiempo de meditación, pasó a repetir la operación con el siguiente lienzo. La sala contaba con quince piezas, la cual, en el centro exacto de la misma, era presidida por Sara frente a la mujer voluptuosa. La chica no tuvo noción exacta del tiempo que empleaba aquel dios personificado en bocetar los cuadros, ya que su cabeza estaba embotada en rápidos pensamientos; destellos fugaces de un futuro inmediato que casi le parecían una precognición por lo que estaba por suceder. Tres cuadros más y aquel joven artista de gran talento se situaría tras ella haciendo que su destino y él, se unieran para siempre. En su cabeza aún resonaba el soplido y la exclamación del chico que, al verla por primera vez, no había podido reservar en sus labios.

Cuando llegó el momento en el que el joven comenzó a tomar notas de la gruesa mujer del cuadro, Sara estaba aquejada de un ligero temblor que disimulaba moviendo sus piernas al ritmo de una música que nadie oía. Su respiración se aceleró y el pulso se le disparó a un ritmo cercano al final de una clase de gimnasia.

«Es verdadero amor», se repetía.

Solo este noble sentimiento podía hacerla sentir de semejante forma, haciéndola creer que el suelo podía resquebrajarse en cualquier momento; que su interior bullía como un volcán que estallaría en llamas reduciendo a rescoldos aquellas obras que, de otro modo, sin el fuego del verdadero amor de por medio, habrían continuado siendo eternas.

—Oh my god... —suspiró el artista a los pocos segundos de haberse situado tras la atlética y juvenil figura de Sara.

«Oh, dios mío», tradujo ella en su interior, estallando su rostro en un rubor tan evidente como un puñado de arcilla en la nieve. Agradeció al infinito estar delante de él refugiada en la perfecta espalda con la que la naturaleza la había bendecido. A medida que la mano del artista trazaba líneas con el carbón, la seguridad de la chica se fue incrementando; mostrando gestos que, de otro modo, habría sido incapaz de hacer. De pronto sintió que el joven se adelantaba un paso, y ella correspondió recogiendo su pelo en un moño alto que dejaba a la vista la longitud de un cuello perfecto; modelado en piel impoluta y una protuberancia vertebral que caía, aun sin pretenderlo, indecorosa hacia su centro. Sara perdió la cuenta de los minutos que el joven llevaba tras ella. No le cabía duda de que le estaba dedicando más tiempo que a ninguna otra obra. El cuaderno del muchacho restallaba en quejas por el trato enfebrecido del artista, el cual, desde que se había situado tras la joven, no había dejado un solo segundo de dibujar. Fue entonces cuando le asaltó la certeza de que, lo que en verdad dibujaba el estudiante no era aquella horrible deformidad, sino su perfecta figura; la belleza endiablada que el mundo virtual no dejaba de confirmarle. Este nuevo panorama hizo que se atreviera a hacer algo que, minutos antes, cuando todavía su destino no sabía que había ido allí a dibujarla, ni siquiera se habría atrevido a imaginar. Posó para él. Lo hizo de múltiples formas, siempre sin mover los pies de la baldosa, y sin darse la vuelta para no romper la fuerza de una magia que, trazo a trazo, los unía en una comunión artística y sexual. A veces eran movimientos nimios; una pierna que se adelantaba unos pocos milímetros, un codo que salvaba una distancia que, solo con ojos de dibujante, alguien podría medir. Otras, sin embargo, se atrevió con movimientos más descarados. Soltando de nuevo su pelo; desplegando aquella cascada dorada con la que los zarandeos de su cuello se llevaba tan bien. O girando la cabeza lo suficiente para comprobar por el rabillo del ojo cómo, a una minúscula distancia de su cuerpo, el joven se imbuía en un éxtasis creativo sin precedentes. Cuando el artista terminó su obra, cerró el cuaderno y lo guardó celoso bajo el brazo. No optó por moverse, sino que permaneció allí, dichoso, contemplando lo que a su juicio, sin lugar a duda, había sido el mejor golpe de suerte que el destino le había brindado. Sara pensaba que ese gesto, el de acabar y no moverse del sitio, la ponía a ella a la cabeza de determinar el próximo paso. Él ya la había inmortalizado. Sería eterna como aquella mujer gorda y desnuda que para nada lo merecía. Ahora le tocaba darle las gracias; zanjar aquel momento con el reconocimiento de ambas partes. Presentarse y, juntos, iniciar su andadura hacia la eternidad.

«Ser eternos», se dijo Sara Sánchez. Para ella el amor

podía resumirse en eso. Subiría a sus redes cada uno de los momentos cumbre que el destino les tenía reservado. Una cama deshecha con prisas, cuyas blancas sábanas habrían sido testigo del momento en el que él la tomase por primera vez. Fotos de una playa dorada bañada por las aguas de un océano tan azul que saturaba la vista. Instantáneas de un fugaz baño en un lago, de su primera borrachera juntos, de un paseo por un Madrid adornado de luces navideñas, de su boda, de aquel cachorro que comprarían en un criadero que contaba con excelentes referencias, de su bebé, de la gran familia que formarían y, sobre todo, fotos de sus cuadros, en los que en todos ellos, a veces como un trazo minúsculo y en otras como un fiel retrato de la realidad, figurarían ambos: perfectos, jóvenes, eternos... Ante esta brutal cascada de fantasía, Sara reaccionó como su corazón clamaba que debía hacerlo. Abrió su libreta con la que había fingido tomar notas, escribió los nueve dígitos de su teléfono, recortó el fragmento y, dándose la vuelta por primera vez, se lo entregó a él. El joven reaccionó con naturalidad. Apenas hablaba castellano y Sara era una estudiante nefasta que arrastraba el inglés desde hacía varios cursos. Pero, a pesar de las dificultades, el artista reconoció el formato de un número de teléfono e, intuyó, lo que la bella chica le estaba proponiendo. No dio tiempo para mucho más. Una profesora se presentó en la sala. Estaba preocupada por Sara por el tiempo que había transcurrido sin que ninguno de sus compañeros la hubieran visto. Se la llevó de la mano medio a rastras, mientras Sara comprobaba cómo el joven se quedaba allí de pie; frente al cuadro de la mujer gorda. Sin duda la aguardaría durante el tiempo que hiciera falta. A expensas de que pudiera deshacerse de la mujer que, inexplicablemente, había apartado de él al amor de su vida.

Sara se reunió con sus amigas y les puso al corriente de la increíble situación que había vivido. Cómo el misterioso joven trazó, con tremenda concentración, cada uno de los resquicios de su cuerpo. Cómo ella había posado para él, explotando aquel torrente de copiosa feminidad que era su cuerpo, y, entre sorbos de papel y trazos, el amor se adueñó de ambos.

Durante el viaje de vuelta en autobús, Sara no dejó de comprobar su teléfono. Este permaneció callado kilómetro tras kilómetro, mostrando de cuando en cuando el habitual elenco de notificaciones de sus redes sociales que, de pronto habían languidecido en el peso de su importancia.

El joven permaneció en el museo durante varias horas más, portando bajo el brazo el cuaderno en el que había plasmado, hasta la fecha, el mejor dibujo que había hecho. Paseó a lo largo y ancho de sus pasillos, recorriendo con su juicio artístico cada obra que el edificio le brindaba. Pero, cada poco tiempo, su corazón le pedía volver a la sala en la que había coincidido con aquella extraña muchacha: allá donde su alma había encontrado la verdadera belleza retratada en un lienzo de más de doscientos años; la inspiración del artista, todo cuanto un pintor habría querido plasmar. Bajo el cuadro quedó el número de teléfono de Sara, hecho un gurruño que en nada se parecía a lo que había imaginado.

Aquella noche, al comprobar su teléfono en un número de veces ya cercano a las cuatro cifras, comprendió al fin que su pintor, su destino, no volvería a cruzarse con ella. La mujer gorda, contra todo pronóstico, había ganado. Es todo cuanto pudo pensar a la edad de catorce años.

Una estrella naciente

Ítaca

Dicen que la luna no debería haber estado allí, presente en la bóveda oscura, tiñendo de aguamarina lechosa una superficie dura y tosca de cemento cualquiera. Dicen que el grado de inclinación de la Tierra con respecto al eje de su satélite no había alcanzado el ángulo necesario para que este derramara su luz fantasmal sobre cada uno de los objetos que después conformarían su recuerdo. Pero lo estaba, omnipresente. Al igual que el olor a espuma de mar, y la sombra espectral de un albatros sobrevolando la silueta lunar a pesar de estar a centenares de kilómetros de cualquier costa. Todo eso fue lo que vio su ojo entrenado en observar cada día detenidamente las constelaciones. Le pareció incluso que las paredes del patio se teñían del oscuro verdor de las algas y que sus pies descalzos pisaban restos de arenilla de playa. Ella había salido a tender la ropa como cada noche en mitad de un patio vetusto de la histórica ciudad de Madrid. El mar, la arena, y todas aquellas cosas marinas que aquejaban sus sentidos cada vez que la veía, quedaban muy lejos de su presente. Le gustaba martirizarse observándola, viendo cómo llevaba a cabo esa tarea tan simple de pinzar la ropa correctamente estirada sobre las cuerdas. Ella solía salir al abrigo de un camisón de seda verde oliva, que arropaba una piel espejada y turgente como la carne de una aceituna. Las redondas nalgas se transparentaban a través de la fina tela, insinuando la curvatura de una línea que ninguna ecuación concebida para ser parábola habría sido capaz de predecir. Él fumaba un cigarrillo del que solo se distinguía un punto brillante que iluminaba lo que parecía un rostro resabido en demasiadas tragedias. Cuando había consumido más de medio pitillo sin ser consciente de ello, su vecino Francisco salió a gorronearle tabaco.

—Otra vez observando a esa —acusó sin siquiera adornar la frase con un signo de interrogación que le concediera el derecho a la presunción de inocencia. Pero ¿a quién quería engañar? Desde que ella se había mudado al pequeño apartamento del bloque de enfrente y él la había descubierto al tender la ropa, cenaba temprano cada noche para coincidir con ella en sus horarios. Al poco de bajar a verla cada día y de que ella se dejara observar, fue cuando sus sentidos empezaron a percibir todas aquellas sensaciones que tanto le recordaban a una escena nocturna de playa. Al principio creyó que quizá era parte del encanto onírico que cada noche adquiría el momento, pero luego le dio igual. Algunas mujeres olían a flores, tomillo, campo u otras hierbas aromáticas, y esa olía en todo su ser a océano, roca y mar.

—Nadie puede lavar tanta ropa viviendo sola —comentó Francisco al aceptar el cigarrillo que había ido a buscar.

—¿Cómo lo sabes? —preguntó él sin apartar la vista.

—¿El qué?

—Que está sola.

—Mi mujer habla con ella de vez en cuando.

—¿Qué día es hoy? —inquirió confundido como un náufrago a la deriva al que acaban de rescatar.

—San Valentín.

—Imposible —juró entonces—. Ninguna mujer saldría así a la calle un catorce de febrero. Por muy ardiente que sea su corazón —señaló hacia la vaporosa tela que mal cubría su cuerpo.

—Está loca. Como una cabra —concretó jocoso, Francisco—. Dice que se llama Ítaca y que la semana pasada cumplió dos mil quinientos treinta y seis años.

—Ítaca —susurraron los labios de él con voluntad propia, pasando por alto la escandalosa cifra que acababa

de escuchar—. La isla de Ulises, rey de Ítaca —aclaró.
—¿La de Homero?
—Esa —soltó como si no fuera de su incumbencia.
—Lo leí de pequeño, en el colegio.

Francisco soltó la última voluta de humo a la que le costó adquirir ligereza para despegar hacia el cielo, apretó su hombro como para confiarle su fuerza y volvió a internarse por la puerta del portal. El náufrago se quedó solo, otra vez, frente al horizonte deseado y bajo un cielo cuajado de estrellas. Observó cada una de las constelaciones que se dibujan en el oscuro firmamento, como un navegante de la época clásica antes de lanzarse a la monstruosidad del mar. Si se perdía en algún punto, si no encontraba el rumbo tras sortear un remolino, las estrellas le devolverían a su camino. Se juró.

«Está loca», habían sido las palabras de Francisco.

Aquella afirmación le recordó algo. Puede que a las palabras de su madre al referirse al amor: «Enamorarse hoy en día es una locura, o quizá simplemente es cosa de locos». Recordaba aquel retazo en boca de ella pocos días después del doloroso fallecimiento de su padre. Ella, que había nacido en un seno y una época en la que no hacía falta pagar ningún peaje por amar libremente, le invitaba a no arriesgarse por salvaguardarse de las posibles consecuencias. Él nunca había amado. O al menos no del modo que sentía ahora en cada estructura biológica de su cuerpo, incluso en aquellas que fisiológicamente no estaban preparadas para gestionar sentimientos. Pensaba que fallecería como el único hombre sobre la faz de la Tierra que no estrenó nunca aquella área de su cerebro, ni aquél latido de más para el que está preparado cualquier corazón humano. La locura sería no haber amado nunca, se dijo entonces. Aunque la persona en la que intentase hallar su correspondencia estuviese tan loca para decir que acababa de cumplir esa edad. Su madre también había sido mayor que su padre: Nueve años. Nada que ver con los dos mil quinientos y pico que les separarían a ambos de ser cierto. Sus padres, sobre todo al final de sus vidas, habían ido adquiriendo distancia por las diferencias naturales que acarrea la edad. A su madre ya no le interesaba salir al parque a pasear cada mañana y su padre, durante esa época, aún pensaba demasiado en los partidos de petanca junto a los amigos.

¿Qué diferencias les distanciarían de ser cierto lo que cuenta? ¿Podrían hablar de algo cuando se sentaran juntos a cenar sin que los milenios de distancia se interpusieran entre ambos? ¿Vale la pena el amor, aunque sea con una loca? Entonces sintió que entre la mujer que tiende para él, para sus ojos, cada noche al despuntar la luna, ya había más de un milenio de distancia. Nada que ver con aquella locura de la edad, sino más bien con la neurosis que el dolor de la pérdida y la buena intención de su madre al aconsejar, germinaron en su cabeza. «Si no me levanto de este suelo y camino decidido hacia ella, nunca acortaré los milenios de distancia que nos separan. Si ella está loca yo quiero ser parte activa de su insensatez», se dice al poner el primer pie en el suelo del patio. Al pisar, algo le recuerda al mar. El cemento se mueve y él parece presa de los vaivenes de un barco. Entonces mira al cielo y fija su vista en Polaris; la más brillante de las estrellas de la Osa Menor, como antaño hicieron cientos de miles de navegantes. Bajo ella, en línea recta, sigue tendiendo Ítaca sus prendas: un camisón de algodón blanco y un calcetín desparejado. Sus movimientos son lentos. Estira demasiado los gestos aguardando su llegada. Mira por encima del hombro, girando lo justo la cabeza para que él no se dé cuenta de que le espera.

—Hacia Ítaca —jura otra vez al cielo, repitiendo la promesa que milenios atrás obsesionó al rey Ulises.

Llega hasta su isla tras cruzar el embravecido suelo

y esquivar cada una de las olas de sus miedos. Es otro hombre. Uno que ha cruzado el mar y ha luchado contra sus peligros de noche. Estira tímidamente la mano hacia su hombro. Ella parece no darse cuenta, pero en su fuero interno sabe que está a punto de echarse a temblar como una colegiala. La deja caer, la amarra en ese puerto, bajo el cabo del tirante oblicuo del camisón y la calidez de una piel tantas veces deseada. Ella se gira y encara su rostro. Sonríe.

—Soy Ítaca —dice ella.

Sobre ellos, unas madreselvas aún no florecidas, caen desde los arriates del balcón de un vecino. Agitadas por una tenue brisa que las hace bailar como las continuas corrientes a las anémonas marinas.

—Yo Ulises —contesta él.

La cesta de la ropa cae al suelo y las últimas prendas salpican sus pies como espuma de mar. Él la besa. Ella recoge su abrazo y juntos zarpan escaleras arriba, hacia el primero de los puertos en el que amarrar.

Mi estrella de neutrones
Año 2992

Siempre intento evitar pasar por delante de ese pasillo. Aunque ello me obligue a desviarme centenares de metros para salir al casco. Hace ya más de una hora que lo he hecho y todavía me atenaza el estómago la sensación de vértigo que siento cuando se descomprime la cápsula y empiezo a flotar ingrávido. He asomado con respeto la cabeza a través de la esclusa a pesar de que llevo haciéndolo quince años. Es en ese momento cuando la sensación de caída inminente se hace patente. El suelo desaparece y el cable umbilical es lo único que me hace sentir cuerdo. El traje emite pequeñas descargas de aire comprimido que automáticamente me dirigen hacia el lugar de la nave en donde se ha detectado la avería. Me permito abrir los ojos y contemplar por un instante lo insignificante que resulto. Hacia arriba, hacia abajo, y en cualquiera de los sentidos que mire, la infinitud se expande incontrolable. La negrura invade el vacío salvo pequeñas motas de luz que se atreven a salpicar tímidamente la uniformidad de ese espacio.

Las botas magnéticas se activan y el metal del casco de la nave me succiona hacia ella como un espagueti al interior de unos labios. Noto la sensación del peso bajo mis pies y siento que he llegado. No se oye nada cuando las suelas impactan porque en esa zona del vacío no hay suficiente cantidad de moléculas que permitan la propagación del sonido. La parte del traje que cubre mi brazo izquierdo se repliega y deja a la intemperie mi apéndice maldito. El brazo brilla con blanca incandescencia y los sistemas externos que lo controlan lo mutan en algo parecido a un soplete. Ese tipo de fuego en espacio ingrávido se comporta con exagerada violencia y las máquinas deben ajustar continuamente los parámetros para que no se descontrole y termine arrasándolo todo. Levanto mi falso brazo y lo observo a través del casco. La llamarada azulada brilla con el fulgor de una enana blanca. Cuando la fuerza térmica está controlada, las máquinas permiten que sea mi cerebro el que tome control de ello. Reduzco al mínimo su potencia y con mi verdadero brazo dispongo las planchas metálicas que he traído adosadas en la espalda. En menos de dos horas tengo sellado el último accidente que ha sufrido el casco.

Paseo un poco por la superficie de la nave. Me acerco hasta la zona externa del puente. No se emite ninguna luz a través de los grandes ventanales de la zona de mando. Ni falta que hace, me digo. Tan solo podría distraerme del brutal espectáculo que durante años llevo contemplando. Por mucho que pase el tiempo no me acostumbro a la belleza del sistema de doble estrella. Las combustiones gaseosas se suceden a centenares de miles de kilómetros produciendo una sucesión de explosiones verde-purpúreas que me hipnotizan. Uno de los astros es normal, similar al sol que un día pudo observarse desde la tierra. El otro es un poco más peculiar. Se trata de una estrella de neutrones cuyo centro centrifuga a una velocidad de ciento veintitrés veces por segundo. Sus partículas están tan próximas unas de otras, y la centrifugación de su núcleo genera tal magnitud de fuerza, que tengo prohibido acercarme debido a las anomalías espaciotemporales que suceden en los alrededores.

Las botas magnéticas se desactivan y quedo flotando en el aire, hasta que el tirón gravitacional de algún enorme objeto comienza a arrastrarme lentamente. La sensación de vértigo se apodera de mi cuerpo atenazando mis vísceras mientras aguardo a que el cable umbilical me devuelva al interior de la esclusa. Se cierra la compuerta, se activa la gravedad, y los sistemas de supervivencia vuelven a saturar ese espacio de artificial atmósfera. Me quito el casco y me paso la mano por el pelo sudado. La nave despliega sus robots médicos que bajan como pequeños aparatos desde el techo y me escanean completo. Una luz verde indica que todo marcha bien. Me visto con mis pantalones vaqueros y mis zapatillas para hacer deporte. Me calzo la gorra sobre la cabeza y me interno por los recovecos de la nave. Vuelvo a evitar el mismo pasillo, y al hacerlo de pronto recuerdo la primera de las cosas absurdas que te dicen las máquinas cuando se vacía de emulsión biológica el cilindro en el que has sido fabricado.

«No morirás de cáncer».

Sí, que nadie se extrañe. La fabricación humana en serie era el paso lógico que dar para alcanzar el siguiente estadio evolutivo. Después de millones de años de básicas mutaciones en los que la naturaleza intentó adaptarnos a repentinos cambios, las máquinas atajaron drásticamente el problema.

El pasillo y el tubo donde fui fabricado quedan atrás y me dirijo hacia la zona en dónde están situadas las áreas de descanso. Cojo un montacargas que me traslada a través de uno de los tres gigantescos arcos que rodean la lanza central de la nave. Durante el ascenso se activa el hilo musical con una melodía que autogeneran las máquinas. Debe de ser una composición reciente porque ésta no la conozco. Para su elaboración se basan en los patrones de actividad de mi cerebro. Si me gusta, prueban con melodías similares, si no, se descarta y a componer otra cosa. En el fondo les gusta tenerme contento.

Cuando el montacargas alcanza el nivel deseado se detiene con un suave vaivén y se abren las puertas. No hay luz exterior al menos en esa parte del nivel. Tomo nota mental de ello para más adelante ver de dónde puedo sacar un punto lumínico que esté de más en otra parte. Mis ojos se adaptan perfectamente y cuando no, porque las tinieblas son demasiado profundas, se activa la iluminación de mi brazo maldito. Es la segunda vez que utilizo esta expresión para referirme a esa cosa sin la cual no podría realizar mi trabajo. No es que tenga nada contra ese apéndice, al contrario, pero no puedo evitar sentir que se trata de algo ajeno a mí. Tras el accidente del siglo XXIII en el que el planeta y sus especies quedaron diezmados a la menor expresión de diversidad posible, el compendio IA tomó las riendas de la supervivencia humana. Cuando se pusieron a fabricarnos en serie descubrieron que podíamos ser más efectivos hibridándonos con ellas mismas. Así diseñaron modelos humanos que tomaban conciencia a la edad biológica de seis años y venían al mundo con una extremidad menos de las habituales. Al principio, cuando los diseños no estaban perfeccionados, el miembro era amputado en el momento del «alumbramiento». Pero nada como la mente analítica de una máquina para, con los mínimos recursos, obtener los máximos resultados. Por eso alteraron nuestro genoma y nos adornaron de efectivas peculiaridades: como carecer de un brazo para ser sustituido por otro mecánico, o contar con una fuerza muscular similar a la de una prensa hidráulica de cuatro toneladas. En mi caso, solo puedo presumir de dos rarezas que resultan desmesuradamente eficaces a la hora de desempeñar mi labor. Soy un humano modelo básico al que se le ha bendecido con un sistema inmune capaz de inhibir cualquier tipo de actividad celular cancerígena, cosa que me es del todo indispensable. Lo que acabo de hacer en el exterior del casco, es básicamente a lo que dedico todos mis días. Trabajo en un solitario crucero interestelar con capacidad para cinco mil personas. Durante mi jornada recibo el bombardeo incesante de nocivos rayos cósmicos y partículas que la primera humanidad no tuvo tiempo de descubrir en toda su amplitud.

Al girar a la derecha veo luz de fondo. Hay zonas de la nave en donde la falta de iluminación se extiende por cientos de metros de estancias y pasillos angostos, por los que no podría transitar de no ser porque conozco hasta el último de los rincones de este trasto y por la ayuda de mi brazo mecánico cuando se ilumina como una linterna. Aunque esto último no depende de mí. El apéndice se activa y desactiva a capricho de las máquinas. Rara vez obtengo control total, aunque cualquier observador externo pensaría que he nacido con él, y casi, pero no. Me lo implantaron un poco más tarde, mientras todavía permanecía en el interior de aquel polímero cilíndrico que más que de bolsa de canguro, hacía las veces de cárcel.

Al internarme bajo el haz de luz me siento menos claustrofóbico. Al llegar a mi estancia me quito la ropa sin cerrar siquiera la esclusa y me dispongo a tomar una ducha. El día ha sido largo y el de mañana promete serlo mucho más. Así son la sucesión de mis días en la vasta extensión interna de esta nave. El crucero está vacío. Los pasillos son angostos y kilométricamente largos en algunos casos. Las luces han dejado de funcionar en la mayor parte de secciones, debido a que desde que el anterior modelo humano de mantenimiento concluyó su ciclo vital, no he recibido ningún paquete de suministros. Las labores de reparación cada vez se hacen más complicadas de solucionar porque no encuentro piezas y he de jugar continuamente a quitar esto de allí para remendarlo allá.

Activo la expulsión de aire que baña mi cuerpo arrancando de mi piel impurezas y células muertas, con un flujo de ochenta y dos litros por segundo a una temperatura constante de cuarenta y un grados. Si no fuera porque las máquinas regulan mi nivel auditivo la ducha de aire no sería tan placentera. El chorro de expulsión debe hacer un ruido insoportable, pero como las máquinas me dejan prácticamente sordo durante el proceso, solo puedo percibir una sensación agradable.

Cierro la expulsión de aire y, todavía desnudo, recupero mi nivel de audición habitual y escucho un ruido en los pasillos. Me asomo en pelotas a través de la esclusa de mi habitación y de fondo vuelvo a escuchar el inconfundible eco del bip bip que, valga la redundancia, hace Eco cuando supongo que charla con el resto de las máquinas. Al llegar hasta mí me saluda en el canal habitual con el que nos comunicamos los humanos; me refiero a hablando, para entendernos.

—Hola Mark —saluda. Le devuelvo el saludo y me pregunto una vez más acerca de lo extraño de la situación. Eco es una pequeña esfera del tamaño de un balón de baloncesto. Es de color morado y se desplaza por algún tipo de mecanismo que le permite permanecer permanentemente ingrávido. Rara vez flota por encima de la línea de mis ojos y siempre que me cruzo con él se muestra muy amable. No sé a qué se dedica ni si desempeña algún tipo de labor que no sea la de saludarme allá dónde me encuentre.

—¿Cómo estás hoy, Mark?
—Bien, Eco. ¿Y tú, cómo llevas el día?
—Tenemos un día precioso, Mark —siempre repite esa misma frase cuando le pregunto. Desconozco si cuenta con algún otro tipo de programación que le permita dar otra respuesta que no sea esa. Aunque la verdad, empiezo a sospechar que se trata de una máquina desmesuradamente optimista y por eso contesta siempre de la misma manera. Emite otra rápida sucesión de bips, lo que me hace suponer que vuelve a estar en comunicación con las máquinas, y me hace saber que voy a ser escaneado de nuevo. Algunas de las partículas que me bombardean son supernocivas para el sencillo hecho de mantenerse con vida. Son una patada directa en la entrepierna del genoma, al menos del primigenio, por eso las máquinas nos han mejorado para que podamos desempeñar nuestras funciones sin contratiempos. Aun

así siempre se muestran cautelosas con este tema y no escatiman en revisiones médicas. Eco emite un haz verdoso que en abanico me recorre de la cabeza a los pies. Vuelve a dirigir la luz por el camino de vuelta y guarda el extraño apéndice con el que lo ha realizado a través de la lente de cámara que hace las veces de órgano visual.

—Estás bien, Mark —afirma.

—¡Claro que estoy bien, Eco! Ya te lo he dicho —respondo divertido a su insistencia.

Vuelvo al interior de mi habitación para vestirme. Cenaré y después iré al área de comunicaciones para mi charla habitual. Eco entra conmigo y mientras me pongo los pantalones parece contemplar mi cuerpo desnudo de arriba abajo. No sé si está evaluándome de nuevo con algún tipo de escáner a cuyo paso por mi cuerpo soy incapaz de distinguir o por el contrario está viendo lo que soy. Me refiero a ver en términos humanos. A discernir el alma o lo que quiera que signifique intentar calar a alguien. Eco es la única compañía que he tenido en mis quince años de libre existencia por la nave. Triste pero cierto. Desde el momento en que mi yo embrión fue instalado en el cilindro de crecimiento hasta que cumplí la edad suficiente para ser expulsado, no he mantenido contacto directo con ningún semejante. Confieso que pasé épocas realmente aburridas, con la mirada perdida en un horizonte estrecho que caía en tinieblas en menos de catorce metros. Durante cinco años no vi otra cosa que ese pasillo y el sistema didáctico a través del cual las máquinas me surtían de conocimientos. La llegada de Eco a mi «horizonte de sucesos» fue algo más que un soplo de aire fresco. Significó el primer contacto real con algo o alguien con el que poder interactuar. Hablo de este modo porque no sé realmente lo que significan las máquinas en términos de entidad. De hecho, Eco es la primera y única máquina que he visto en mi vida. Aunque las otras se dirigen a mí regularmente utilizando distintos canales. Lo habitual es que lo hagan a través de la sala de comunicaciones. Yo leo ese horrible código alfanumérico en el que se expresan y, al contestar, mis palabras se transcriben en la pantalla. Cuando hay una urgencia o avería que pueda comprometer la seguridad de la nave, entonces se comunican conmigo de forma directa. Usan la conexión nerviosa del brazo, que además de ser capaz de transmutarse en múltiples herramientas, también actúa de intercomunicador y procesador multipersonal con el que las máquinas juegan a hacerme todas esas putadas.

Vestido y aseado salgo de la habitación y me dirijo a la sección de sustento orgánico. Lo que viene a ser el comedor y cocina de toda la vida. Os preguntaréis de dónde saco este tipo de expresiones dado que nunca he mantenido una conversación con una persona cara a cara. En primer lugar, y durante mis años de estancia en el cilindro de crecimiento, leí muchísimo. El crucero espacial cuenta con una base de datos de doscientos treinta millones de libros. No los he leído todos, ni siquiera muchos de ellos, pero puedo decir con orgullo que leí todos aquellos que las máquinas no me vetaron. En términos de almacenamiento en línea significa una cantidad de espacio considerable, pero las máquinas lo albergan porque han llegado a la conclusión de que, a pesar de nuestras mejoras e hibridaciones con ellas mismas, en términos emocionales e imaginativos es mejor mantenernos intactos. En principio las máquinas sacaron una serie de versiones beta humanas que, modificadas genéticamente, carecían del compendio de emociones, sentimientos y pensamientos creativos, que según ellas, no tenía valor más allá de lo abstracto. Pero resultó que esas versiones enfermaban con facilidad. Sus cuerpos biológicos no conseguían sobrepasar los catorce años y a pesar del significativo aumento en el desempeño de sus tareas, no compensaba lo invertido en su fabricación con lo generado en el periodo de tiempo. Después, la mente-máquina, tras el exhaustivo análisis de datos, concluyó que a mayor número de emociones, intensidad de estas y creatividad, mejor tenían que ser los resultados. Pero volvieron a equivocarse, y aquellos modelos humanos capaces de pintar un Renoir con la fricción de una tuerca, acabaron despeñándose por kilométricos acantilados de planetas desconocidos al perseguir lo que creían que era la forma de una flor durante sus misiones de reconocimiento. Esto en el mejor de los casos.

El comedor está vacío como todo lo demás en esta maldita nave. Mi estómago me llama pero un bip-bip de Eco me dice que lo primero es alimentar a mi brazo. Odio tener que darle de comer a este bicho. A veces, por la noche, sueño que el brazo tiene vida propia (cosa que no es un pensamiento desacertado), me estrangula y con mi cuerpo muerto se arrastra por el casco exterior de la nave para seguir ejecutando las funciones de reparación. Este es uno de mis mayores miedos. Acabar siendo yo el apéndice del brazo o un vulgar fleco que aletea en las corrientes de tufo eléctrico que a veces recorren los pasillos.

El dispositivo de alimentación del brazo es poco más que un muro de tamaño colosal en el que los agujeros oscuros se extienden hasta las quinientas unidades. A pesar de ello, y por seguir siendo un animal de costumbres, siempre introduzco mi apéndice en el mismo agujero. El proceso dura alrededor de veinte minutos. Curioso porque a pesar de toda la sofisticación a la que hemos sido elevados por las máquinas, mi cuerpo, ese que ya se gastaban los mismos humanos que luchaban contra osos en húmedas cavernas, es capaz de alimentarse en mucho menos. Al introducir el brazo una sensación de quemazón me recorre desde lo que sería mi muñeca hasta el hombro. El calor, a veces, traspasa los límites del miembro artificial y llego a sentirlo incluso en el pecho. Después frío y distintas sensaciones de tacto: rugosidad, liso, mojado...Un compendio de imprimaciones que sospecho que solo buscan confundir nuestra mente para distraernos de lo que ocurre ahí dentro. Es extraño. Las máquinas podrían anular en mi cerebro la percepción del tacto y hacer que el proceso resultara menos violento, pero por algún motivo que solo su megamente comprende, no lo hacen. Es mejor quemarse, helarse, herirse y joderse durante veinte minutos mientras las piernas se acalambran de mantener siempre la misma postura.

Saco el brazo y lo observo un instante. Todavía brilla con iridiscencia mortecina. Es una luz preciosa en tonos blanco-azulados. Similar a como debió ser la elevación desde las aguas de un pantano de un fuego fatuo. Giro el brazo a través de la falsa articulación del hombro y después le hago moverse en movimientos circulares como para descontracturarlo. Siento la fortaleza de Goliat o de Hércules portando ese instrumento, pero sé que la sensación es falsa. No es más que una emoción inyectada por las máquinas para que un día no se me vaya del todo la cabeza y piense en hacer algo con mi apéndice.

Miro en derredor. Eco ya no está. Solo se ha preocupado de que haya alimentado a su primo hermano y después se ha largado a hacer lo que sea que haga. Quizá su misión es esa. Asegurarse de que aquella máquina adosada a mí recibe diariamente los elementos necesarios para transmutarse en casi cualquier cosa y estar a punto para el próximo asalto de reparación. Un día voy a revelarme. No voy a dar de comer a este bicho y a ver qué pasa. Quizá el agradable Eco sea el que se transmute en una esfera gigantesca de dientes metálicos y me obligue a ello. Me rio del absurdo pensamiento y me dirijo hasta el surtidor de comida más cercano. Preparo la bandeja, cojo un vaso, cubiertos y una servilleta. De comer hay puré, como cada día desde que salí del cilindro de crecimiento. De beber ese líquido transparente del que pretenden hacerme creer que es agua. Aunque bien pensado, ambos alimentos son igual de artificiales. Prefiero no saber si estoy rebañando el producto resultante del procesamiento de excrementos de las cinco mil personas que una vez habitaron este crucero. El caso es que sabe a pollo y ayer el sabor era similar al pescado, o al menos, a lo que las máquinas me han asegurado que saben esas cosas. Me es igual y con eso me vale.

Después de comer me levanto y me dirijo a la sala de comunicaciones. Nada. Por más que espero la pantalla no cambia de la profundidad del negro. Hoy no hay informe de máquinas ni del resto de semejantes. Así que aprovecho para sondear otras frecuencias. A veces, por percance más que por acierto en lo que estaba haciendo, consigo captar viejas señales de radio o televisión de la vida en La Tierra antes del accidente. Me gustan porque aprendo cosas de los seres humanos antes de que alcanzaran su punto álgido en la evolución. A pesar de que conozco las frecuencias por las que habitualmente se captan, hoy tampoco tengo suerte. Ambas cosas me parecen extrañas. Consulto un informe en pantalla del estado del sistema. Todo en orden. Intento acceder a los registros de la nave para ver si en la bodega de carga quedan piezas de repuesto que pueda sustituir en caso de que esa sea la avería.

##Acceso Restringido##

Por más que intente acceder a la pantalla no pone otra cosa. Extraigo el brazo del sistema de comunicación que me conecta a la nave, e intento poner las ideas en orden. La verdad es que estoy muy cansado. El día no ha sido especialmente intenso, pero las salidas al exterior siempre consiguen extenuarme. En cuanto el pensamiento ha hecho aparición en mi mente, las máquinas lo amplifican. Me voy a paso acelerado a mi estancia sabiendo lo que irremediablemente va a venir enseguida. Me tumbo sobre la cama sin siquiera desnudarme. Quiero leer, pero no sé si las máquinas van a consentir que me deje llevar por esta tarea. El brazo se ilumina y proyecta el índice alfabético de lectura. Parece que de momento lo he conseguido, pero según oscilen los parámetros de mi cuerpo, serán ellas las que me permitan cuánto avanzar. Selecciono la letra L. He leído varias veces fragmentos de ese libro y al visualizar el recuerdo, las máquinas me lo ponen fácil. Ya está, concluyo contento cuando la primera página se proyecta sobre el metálico techo de la nave. Por mucho que lo haya leído no termino de acostumbrarme a la intensidad de la historia. El libro se titula «La estrella de los cheroquis» de Forrest Carter. Cuenta las aventuras de un chiquillo que se queda huérfano y tiene que mudarse de la ciudad al campo con sus abuelos de raza Cheroqui. El libro está lleno de alusiones a la naturaleza y el respeto hacia hombres y animales. Es fantástico, concluyo tras los primeros dos capítulos. Casi puedo escuchar el rumor de un arroyo bajando una montaña o el crujido de la hojarasca cuando nieto y abuelo huyen a través del bosque. No sé por qué siento nostalgia hacia esas experiencias que nunca he conocido. Pero las siento, y cada vez son más intensas. Cuando la tensión emocional comienza a ser demasiado patente las máquinas intervienen y anestesian esa parte de mi cerebro. Nunca permiten que avance más allá del cuarto capítulo. Pierdo el interés por la lectura y el brazo se apaga automáticamente y con ello la iluminación de mi habitación y del pasillo. Noto como el brazo descarga una alta dosis de melatonina en mi torrente sanguíneo. Los párpados comienzan a pesarme demasiado y aunque quiera evocar y revivir las imágenes de lo que he leído no soy capaz de sostener el estado de vigilia. A esto es a lo que me he referido antes cuando he dicho que a veces las máquinas juegan a hacerme putadas.

Me despierta un ruido en el pasillo. No es que me cague de miedo, pero tampoco es que me haga gracia. Los únicos habitantes del crucero somos Eco y yo, así que cualquier sorpresa que no venga dada por parte de ese robot me mosquea bastante. La tripulación de la nave está ahí fuera, colonizando un mundo a petición de las máquinas, del que se podrá extraer recursos y adecentar para una futura muda de la nueva humanidad, o al menos eso es lo que me han contado ellas.

Me levanto de la cama, me calzo las zapatillas deportivas y me pongo en pie muy lentamente. Todo está oscuro como boca de lobo. Intento activar mi brazo mecánico pero no responde. Esto sí que me resulta extraño. En todos mis años desde que salí del tubo nunca ha fallado. Una cosa es que las máquinas no me permitan manejarlo a mi antojo y otra es que me cuelgue como un pellejo como lo hace ahora. Vuelvo a escuchar el ruido en el pasillo. Me quito una de las zapatillas y la sujeto en la mano como si se tratara de un arma mortífera. El miedo se descabalga en mi cuerpo y mi corazón se desboca hasta sentir que se me va a salir por la boca. Las máquinas deberían haber reaccionado y haber cortado la secreción de adrenalina, pero por alguna razón no lo han hecho. Respiro profundo porque en algún sitio he leído que eso es lo adecuado para rebajar la ansiedad. El ruido se repite una última vez antes de que asome la cabeza y la zapatilla en alto al pasillo. Casi no se ve nada, pero distingo una especie de forma esférica que emite un fulgor morado muy débil. Me acerco algo más, envalentonado con la sensación creciente de que se trata de algo que conozco. Efectivamente, es Eco. Mis ojos se adaptan poco a poco a la oscuridad. Esto es algo que también deberían haber hecho las máquinas. Cuando la adaptación de mis órganos visuales es insuficiente, ellas hacen que parte del torrente sanguíneo se desvíe eufóricamente a la visión, pero al fallar el brazo, si es que eso es lo que le está ocurriendo, deben encontrarse desconectadas de mí.

—Hola Eco —saludo mientras camino hacia él. La esfera morada flota en el aire, como siempre, pero parece presa de un vaivén inapreciable y de un movimiento de rotación sobre su eje.

—Hola Eco —saludo más alto por si no me hubiera escuchado antes.

Nada, el robot parece estar en algún tipo de fase inoperativa. No puede haberse estropeado porque entonces se habría caído al suelo y tendría puré de Eco esparcido por todas partes. La oscilación le lleva contra la pared metálica y al chocar ambos materiales produce el ruido que me ha despertado y he estado escuchando, acojonado, desde la habitación. Estiro mi mano y le rozo con la yema de los dedos. Me sorprende su tacto, porque a pesar de que el metal luce brillante y pulido, su superficie es ligeramente rugosa. En ese momento se encienden las luces y Eco se estrella contra la pared. Sale despedido al lado contrario y después hacia el techo. Me cubro la cabeza con la única mano con que puedo hacerlo y me echo al suelo. La imagen debe ser realmente graciosa. Zapatilla, mano, cabeza y suelo. Cierro los ojos y al hacerlo es cuando Eco vuelve a tomar control de él.

—Hola, Mark —saluda con toda la naturalidad que es capaz de mostrar una esfera metálica—. ¿Por qué estás en el suelo?

Me quedo paralizado intentando analizar la situación desde varios ángulos. Eco ha permanecido en un estado de falla total y ahora parece no tener registros de memoria de ello.

—Tenemos un día precioso, Mark.

Algo pasa. Mi brazo se activa y las máquinas me piden que me dirija raudo al exterior. Otra piedra viajera ha debido de impactar contra la nave. Repito la operación de esta mañana y cuando mis botas magnéticas se adosan al casco, un informe del medio penetra en mí a través del brazo. «El núcleo de la estrella de neutrones ha aumentado su centrifugación hasta las 529 revoluciones».

Un déjà vu incierto invade mi mente. Creo que he vivido esa misma situación miles de veces. Eso explicaría el hecho de que nunca reciba suministros y que cada vez la nave esté más vieja. Tengo que escapar de la atracción irrefrenable de la estrella que observo en la lejanía apagándose lentamente. Está mutando a otra cosa; a un accidente cósmico excepcional; un agujero negro, aventuro a afirmar. Algunos de los sistemas caen por la energía generada y mis botas magnéticas se desactivan. Floto hacia el vacío sin tener conciencia de cómo está transcurriendo el tiempo fuera del espacio que abarca mi verdadero brazo. Puede que medio dedo más allá estén sucediéndose eones. Es entonces cuando surge la certeza. Ya he vivido esa situación. La estrella sucumbirá en la próxima hora y un accidente temporo-espacial hará que vuelva al interior del cilindro de crecimiento. Las máquinas recompondrán mi cuerpo y memoria y volveré a crecer mientras mi estrella de neutrones vuelve a vivir sus últimos momentos. Estoy atrapado en un accidente cósmico. Quizá es la forma del universo de preservar por siempre, sea lo que sea lo que signifique ese término, la más excepcional de sus creaciones. Es entonces cuando comprendo que mi única oportunidad para actuar libremente reside en la última decisión que tome.

—Brazo—, pido al compendio máquina—. Activar lectura.

Las páginas del libro de Forrest Carter se proyectan titánicamente enormes sobre el casco de la nave, mientras mi pequeño cuerpo cada vez está más cerca de la estrella de neutrones. El cable umbilical llega a su límite y, temeroso de que la gravedad que tira de mí destroce el traje, lo desconecto. «Capítulo 4», pido mientras me siento caer en el horizonte de sucesos. Las máquinas me permiten hacerlo o puede que sea yo el que por una vez esté capitaneando mi destino. Leo los últimos pasajes sobre el fulgurante metal de la nave mientras en mi mente se disipa en un caos que no reconozco. El final es precioso. Todo se oscurece y, como un libro que se abre de nuevo por la primera página, mi mundo entero se repite:

«Siempre intento evitar pasar por delante de ese pasillo...».